Jahrbuch Europäische Straßenbahnen 2002

Bas Schenk
Maurits van den Toorn

Einleitung

Die Entwicklung des europäischen Binnenmarktes schließt auch den öffentlichen Nahverkehr in Deutschland nicht aus. Die europäischen Richtlinien, die den Wettbewerb und die Marktwirtschaft fördern sollen, haben unterschiedliche Entwicklungen zur Folge. Es liegt nahe, daß die bestehenden Unternehmen versuchen, durch die Zusammenarbeit mit ähnlichen Betrieben oder durch Fusionen ihre Position zu stärken.
Das beachtenswerteste Beispiel einer Fusion ist die angekündigte kurzfristige Zusammenlegung der Verkehrsbetriebe Köln und Bonn. Als Gigant des regionalen öffentlichen Nahverkehrs hofft man, sich besser der Konkurrenz aus dem Ausland erwehren zu können, die zunächst vor allem aus Frankreich und Großbritannien kommen wird. Eine andere Form der Anpassung läßt sich u.a. in Mainz und München beobachten. Der Straßenbahn- und der Busbetrieb wird von einem neuen Betrieb durchgeführt, wobei die Belegschaft niedrigere Löhne erhält als das Personal des alten Betriebs, während Material und Infrastruktur Eigentum der Kommune bleiben. Damit soll der Betrieb billiger arbeiten, weil ja der Betriebsführer nicht von den Abschreibungen für Fahrzeuge und Immobilien belastet wird. Für die sich unaufhaltsam nähernden Ausschreibungen für Straßenbahn- und Buslinien wird auf diese Weise ein „level playing field" geschaffen, bei dem „eigene" Betriebsführer keinen Konkurrenznachteil durch hohe Abschreibungskosten haben.
Zwar hat ein solcher Betriebsführer wohl einen Wettbewerbsvorteil, da er sich auf dem lokalen Markt auskennt, aber darüber schweigen die Betroffenen diskret. Kurios an diesem Verfahren ist die Tatsache, daß ein solcher Wettbewerb auch zu einer Abnahme der Qualität des öffentlichen Nahverkehrs führen kann. Die Stadtwerke Ludwigshafen haben beispielsweise die Linie 12 auf eine HVZ-Linie reduziert. Diese Einsparungsmaßnahme sei nötig, ließen die Stadtwerke mitteilen, um den Betrieb „für den Wettbewerb fit zu machen". Man fragt sich, ob das ein Vorteil ist, denn die europäi-

Jahrbuch Europäische Straßenbahnen 2002

Die Straßenbahn-Jahrbücher erscheinen in den Niederlanden seit 1979.

Fotos vordere Umschlagseite:
Links oben: Die RET hat wegen Fahrzeugmangels zwölf Wagen aus Wien übernommen, die auf der Linie 2 eingesetzt werden sollen. Bei einer Probefahrt fuhr einer dieser Wagen ausnahmsweise auf dem rechten Maas-Ufer. Coolsingel, 6. September 2001 (BS)
Rechts oben: Auch in Mitteleuropa setzen immer mehr Straßenbahnbetriebe Niederflurwagen ein. Die polnische Alstom-Konstal lieferte diese Wagen an den Verkehrsbetrieb von Katowice. Bytom, 14. Juni 2001 (BS).
Links unten: Im Dezember 2000 lieferte Siemens den ersten Combino an den Straßenbahnbetrieb von Basel. Die Combinos werden vornehmlich auf der Linie 6 eingesetzt. Rheingasse, 21. Juli 2001 (Luc Koenot).
Rechts unten: Orléans ist eine der französischen Städte, die im Jahre 2000 einen neuen Straßenbetrieb eröffnet haben. Die Stadt besitzt die längste in einem Zug gebaute Straßenbahnlinie des Landes. Place du Martroi, 4. Juli 2001 (Luc Koenot).

Foto hintere Umschlagseite:
Im April und Mai 2001 machte der ehemalige Üstra-Wagen 6016 zwischen Leidschendam und Rotterdam Hofplein Testfahrten zur Erprobung der 1500-V-Ausrüstung. Schiebroek, 22. April 2001 (MT)

Arbeitsgemeinschaft Blickpunkt Straßenbahn e. V.
Burgherrenstr. 2, D-12101 Berlin
ISBN 3-926524-20-0
Euro 16,00

Nebenstehendes Foto:
In Frankreichs zweiter Stadt Lyon wurde Ende 2000 ein Straßenbahnnetz mit zwei Linien in Betrieb genommen. Die Gestaltung der in Frankreich hergestellten Fahrzeuge ist ziemlich eigenwillig, fügt sich jedoch gut in die moderne Innenstadt. Guillotiera, 4. Juni 2001 (Marco Moerland).

Das Manuskript für das Jahrbuch Europäische Straßenbahnen 2002 wurde am 9. September 2001 abgeschlossen.

Quellenangabe:
Bei der Zusammenstellung dieses Buches wurden Informationen folgender Zeitschriften verwendet:
Blickpunkt Straßenbahn, Het Openbaar Vervoer, Tramways and Urban Transit, Der Nahverkehr, Op de Rails, Railway Gazette International, Stadtverkehr, Tram 2000

Inhalt

Einleitung 5
Niederlande 12
Belgien und Luxemburg 43
Norddeutschland 56
Süddeutschland 85
Ostdeutschland 108
Österreich 144
Schweiz 153
Frankreich 161
Italien 177
Spanien und Portugal 188
Großbritannien und Irland 193
Skandinavien 200
Polen 207

schen Ausschreibungen, die eigentlich den öffentlichen Nahverkehr effizienter und dadurch besser machen sollen, können so zum Gegenteil, zu Abbau und Verschlechterung der Qualität führen. Das spielt auch in Halberstadt eine Rolle, wo der Straßenbahnbetrieb das Opfer einer anderen europäischen Regelung, der Liberalisierung des Energiemarktes, zu werden droht. Bald kann jeder sein Gas und seinen Strom bei einem Lieferanten seiner Wahl beziehen. Das ist erfreulich, denn es wird billiger. Dadurch wird aber die Resubventionierung beendet, mit der kommunale Stadtwerke in Deutschland ihre Verkehrsbetriebe unterstützen, indem mit den Gewinn aus den Energielieferungen die roten Zahlen der Verkehrsbetriebs ausgeglichen werden. Kommunalpolitiker und verschiedene Bürgerinitiativen in Halberstadt haben inzwischen lautstark erklärt, daß sie für den Erhalt der Straßenbahn sind. Solange es aber nur bei einer verbalen Unterstützung bleibt und die Betreffenden lieber mit dem eigenen PKW in das Stadtzentrum fahren, wird das wenig Erfolg haben.
Glücklicherweise gibt es auch positive Nachrichten aus einigen Städten. Karlsruhe ist erneut der Sieger wenn es darum geht, neue Strecken in Betrieb zu nehmen. Die Linie S4 wurde mit großer Anteilnahme in Heilbronn eingeführt. Man fragt sich fast, warum die Straßenbahn dort eigentlich einmal eingestellt wurde. Auch die Stadtlinie 4 wurde um ein bedeutendes Stück bis zur Europaschule verlängert.
In Kassel wurde der zweite Abschnitt der Lossetalbahn in Betrieb genommen und in Köln arbeitet man fleißig an den zwei Verlängerungen nach Mengenich und Weiden. Sogar in Darmstadt hat nach jahrelangem Streit der Bau der Strecke nach Kranichstein endlich begonnen. In Bremen wird künftig eine Regional-Stadtbahn als Kombination von Straßen- und Eisenbahn nach dem Karlsruher Vorbild entstehen. Ob es Zufall ist, daß der derzeitige Direktor des Verkehrsbetriebs vorher bei der Albtalbahn gearbeitet hat? Neue Pläne wurden in Regensburg und wieder einmal in Hamburg präsentiert. Weniger erfreulich ist hingegen, daß Wiesbaden vorläufig keine Stadtbahn erhält.

Obwohl man auch in den Niederlanden das Karlsruher Modell als Vorbild sieht, läßt sich eine Stadtbahn (hier als light rail bezeichnet) nur schwer realisieren. Trotz jahrelanger Diskussionen und Schubläden voller Studien verkehrt dieses Wunder auf Schienen noch nirgends, abgesehen von einer Ministrecke mit weniger als 2 km in Houten, in der Nähe von Utrecht. Es ist sogar fraglich, ob die

Schnellstraßenbahn dort eigentlich als „light rail" bezeichnet werden kann. Es handelt sich hierbei nämlich um einen Abschnitt einer voll ausgebauten Hauptstrecke, auf dem vorübergehend Straßenbahnfahrzeuge verkehren. Wesentliche Merkmale der light rail, wie Weiterführung in die Stadt hinein und Haltestellen in kurzer Entfernung von den Wohngebieten, fehlen. Die Niederlande sind ein Beispiel dafür geworden, wie man es nicht machen sollte! Die Technik ist mit den Planern durchgegangen: Die Infrastruktur (Schienen, Bahnhöfe, Sicherung) steht meistens am Anfang eines Projektes, und die Fahrzeuge, die hier verkehren sollen, müssen daran angepaßt werden. Das gesamte Projekt wird dadurch schwerer und teurer als erforderlich.

Statt der Konzentration auf Eisenbahntechnik, sollte man den Blick mehr auf Straßenbahnsysteme richten, denn eine light rail ist keine vereinfachte Eisenbahn, sondern eine Schnellstraßenbahn, die auch, wie in Karlsruhe, Saarbrücken oder Kassel, über Eisenbahnstrecken verläuft.

Ein weiteres Problem ist, daß man stets auf ein komplettes Endergebnis aus ist. Die Planer streben danach, vom Tage der Inbetrieb-

Rotterdam. Fast unbemerkt fuhr der von der HTM übernommene Üstra-Wagen 6016 unter NS-Fahrleitung nach Rotterdam Hofplein: So hätte die RandstadRail sein können. 22. April 2001 (John Krijgsman).

nahme an, ein System zu haben, daß so vollständig und perfekt wie nur möglich ist. Als Folge steigen die Kosten immer mehr und es dauert Jahre, ehe die Arbeiten endlich beginnen. So dauert es dann oft noch Jahre, ehe das erste Fahrzeug fährt. Im Gegensatz dazu mußten die Linien 16 und 63 in Bad Godesberg jahrelang über einen kurzen eingleisigen Abschnitt fahren. Ein Greuel in den Augen der Planer, aber es funktionierte trotzdem!
Doch auch für diejenigen, die auf den öffentlichen Nahverkehr setzen, gibt es in den Niederlanden noch Hoffnung. Der Bau der Amsterdamer Nord-Süd-U-Bahnlinie quer durch das Stadtzentrum scheint mit dem zur Verfügung stehenden Betrag nicht mehr möglich zu sein. Die Kommune hat eine Studie in Auftrag gegeben, ob es Alternativen gibt, falls die nächste Runde kein Ergebnis bringt. Es ist an dieser Stelle natürlich ein Eigentor, aber eine Alternative gibt es tatsächlich: Eine Stadtbahn mit einer kurzen Tunnelstrecke unter dem IJ und dem Zentralbahnhof mit Abzweigen in vielen verschiedene Richtungen. Eine derartige Stadtbahn würde perfekt an die engmaschige Struktur des bestehenden Straßenbahnnetzes anschließen. Mit dem eingesparten Geld (und dabei kann es sich schnell um einige Hunderte Millionen Gulden handeln) könnte man auch das (Schnell-) Straßenbahnnetz erheblich erweitern. Es wäre gut, wenn die amsterdamer Planer wieder einmal den Blick nach Karlsruhe richten würden. Auch die Beispiele aus Frankreich zeigen, wie es gemacht werden kann. Vor etwa zwanzig Jahren waren die Straßenbahnbetriebe des Landes kaum erwähnenswert. Es gab nur drei kleine Betriebe ohne eine wirkliche Perspektive. Früher oder später sollten sie zugunsten der VAL, der automatischen U-Bahn, aufgegeben werden. Die hielt man damals für das Wundermittel in den mittelgroßen Städten und Ballungsgebieten, für die eine „echte" U-Bahn zu groß und zu teuer war. Glücklicherweise verlief die Entwicklung anders.

Als 1975 die Regierung dazu aufforderte, sich Gedanken über neue Formen des oberirdischen öffentlichen Nahverkehrs zu machen, kam eine erste positive Reaktion 1977 aus Nantes, wo dann 1985 auch die Wiedergeburt der französischen Straßenbahn begann. Heute, sechzehn Jahre später, gibt es elf Straßenbahnbetriebe im Land und wenn alle nachstehend erwähnten Pläne realisiert werden, wird es bald sechzehn oder siebzehn Betriebe geben. Das ist nicht verwunderlich, würde man sagen, denn man hat es überall geschafft, innerhalb weniger Jahre (Sieger ist Orléans mit zwei Jahren) und mit den zur Verfügung gestellten Mitteln, neue

Straßenbahnbetriebe zu realisieren. In den drei Städten Lille, Rennes und Toulouse, die sich für die VAL entschieden haben, wurden sowohl die geplante Bauzeit, als auch die finanziellen Grenzen des Etats in erheblichem Maße überschritten.
Weiterhin kam die Straßenbahn überall zu einem großen Erfolg. Viele neue Betriebe haben bereits innerhalb kürzester Zeit ihre Kapazitätsgrenzen erreicht, so daß sie bereits innerhalb eines Jahres weitere neue Fahrzeuge bestellen mußten. Woher kommt dieser Erfolg?
Wichtig ist, daß die Kommunalverwaltungen nicht irgendwie eine Straßenbahn bauen, sondern die Einführung der Straßenbahn mit dazu benutzen, das Stadtzentrum neu zu gestalten. Das bekannteste Beispiel ist Strasbourg, wo der Auto- und Busverkehr aus großen Teilen der Innenstadt verbannt wurde. Die Straßenbahn wird mit solchen Maßnahmen von Anfang an gut in die Stadt integriert und erhält – das ist vielleicht noch wichtiger – durch die Assoziation mit der Stadterneuerung sofort ein positives Images. Modern gesagt: die Tram ist *cool*.
Wichtig ist auch, daß die Stadtverwaltungen eine komplexe Bauweise vermeiden, und die Streckenführung im Tunnel die Ausnahme bleibt. So gibt es nur in Rouen und Strasbourg kurze unterirdische Streckenabschnitte. Die Bau- und Betriebskosten halten sich auf diese Weise in Grenzen, es gibt weniger Störungen in der Bauphase (was die Akzeptanz vergrößert) und die Sicherheit der Fahrgäste wird verbessert. Die Sichtbarkeit der Straßenbahn auf der Straße ist zugleich eine Werbung für dieses Verkehrsmittel, das hat sich in vielen anderen Ländern bewährt. Die kommunale Transportsteuer (*Versement Transport)*, die alle Betriebe mit neun oder mehr Mitarbeitern bezahlen müssen, sorgt eigentlich dafür, daß die Stadtverwaltungen über die finanziellen Mittel verfügen, um den öffentlichen Nahverkehr zu verbessern. Dadurch ist man weniger von einer trägen oder unwilligen zentralen Behörde abhängig und kann schnell arbeiten. Es fällt auf, das die Projekte manchmal sehr schnell realisiert werden. Der gesamte Entscheidungsprozeß ist wahrscheinlich nicht viel kürzer als in den Niederlanden oder in Deutschland (in Lyon war beispielsweise schon seit 1991 eine Straßenbahn im Gespräch), aber wenn man den Entschluß einmal gefaßt hat, diskutiert man nicht länger und macht den ersten Spatenstich!
Auch außerhalb von Europa wird die Niederflurstraßenbahn zu einem Erfolg. In den Vereinigten Staaten fahren jetzt Niederflurwagen in Portland, Jersey City und Boston und in Japan in Hiroshima

Hiroshima. Siemens exportierte den Combino u.a. nach Japan. Dort verkehren die Wagen auf der Überlandlinie nach Miyajima. 20. April 2001 (BS).

und Kumamoto. In Australien setzt der neue Straßenbahnbetrieb von Sydney Variobahnen ein und in der Straßenbahnstadt Melbourne haben die beiden dort tätigen Straßenbahnbetriebe Combinos und Citadis-Triebwagen beschafft.
In den meisten Fällen handelt es sich um Technik, die aus Europa importiert wurde. Aber auch die japanische Industrie hat eine eigene Variante entwickelt, einen Vierachser in Gifu. Es bleibt abzuwarten, ob dieses Modell erfolgreich sein wird, denn wegen des komplizierten Tarifsystems in Gifu muß man das Fahrgeld beim Aussteigen an den Fahrer zahlen.

Die chinesische Industrie schließlich liefert einen überraschenden Beitrag, denn in Dalian ist eine beim ersten Betrachten exakte Kopie des Combinos im Einsatz. Sowohl die äußere Gestaltung als auch die Farbgebung der Wagen erweckt der Eindruck, daß es sich um ein Produkt der Firma Siemens handelt. Bei näherer Betrachtung zeigten sich – sowohl was die Technik, als auch was die Gestaltung betrifft – größere Unterschiede, so daß man den Wagen als eine „hausgemachte“ Leistung der örtlichen Industrie

ansehen kann. Kein „Combino" also, sondern ein „Comchino", der in Deutschland schon bald den Namen „Plagino" erhielt.

Gifu. Die japanische Industrie baute für den Straßenbahnbetrieb von Meitetsu drei vierachsige Niederflurwagen mit einem Niederflurbereich zwischen den beiden Drehgestellen. Hinobashi, 29. April 2001 (BS).

Dieses Jahrbuch erscheint erstmals in einer veränderten Aufmachung. Das Format wurde auf A5 vergrößert und auch die Anzahl der Farbabbildungen nahm zu. Dabei blieb die Seitenzahl gleich. Unverändert schaffte die Mitarbeit vieler Straßenbahnfreunde auch in diesem Jahr wieder die Möglichkeit, ein reich illustriertes Jahrbuch zusammen zu stellen. Die Fotografen werden in den Bildunterschriften genannt. Alle anderen, die in welcher Form auch immer, einen Beitrag leisteten, werden nachfolgend genannt.
Ernst Lassbacher beschrieb die Entwicklungen in Österreich und Marco Moerland übersetzte seinen Beitrag. David van der Spek übernahm Italien, Luc Koenot schrieb das Kapitel Belgien und Luxemburg, und Roger Jones zeichnete für Großbritannien und Irland verantwortlich.
Wilfried Wolf beschaffte viele Informationen über Straßenbahnbetriebe in Ostdeutschland und Frits van der Gragt schrieb den Beitrag über Amsterdam. Die Textkorrekturen und Zusätze kamen

Dalian. Die chinesische Schienenfahrzeugindustrie baute einen Niederflurwagen, der überraschenderweise dem Combino von Siemens sehr ähnelt. 13. November 2000 (Karel Hoorn).

wiederum von Frans Boom und John Lamens. Dick van der Spek und Stefan Spengler erzeugten die Zeichnungen. Übersetzung und deutsche Fassung: Rein Korthof und Joachim Kaddatz. Wir danken jedem für seinen Beitrag in Wort oder Bild.

gez.
Bas Schenk,
Maurits van den Toorn

Am Jahrbuch Europäische Straßenbahnen 2002 arbeiteten mit: Frans Boom, Frits van der Gragt, Roger Jones, Joachim Kaddatz, Luc Koenot, Frans Kristensen, John Lamens, Ernst Lassbacher, Marco Moerland, Axel Reuther, Helmut Roggenkamp, David van der Spek, Dick van der Spek, Stefan Spengler und Wilfried Wolf.

Für Rückfragen stehen wir Ihnen gern unter folgenden e-mail-Adressen zur Verfügung: b.a.schenk@12move.nl oder mrtoorn@wxs.nl

Niederlande

Amsterdam

Das Jahr 2001 stand im Zeichen der Vorbereitungen für die Einführung der Combino. Dem ersten Wagen, der nach ausführlichen Probefahrten auf der Teststrecke Wegberg-Wildenrath im November ankommen wird, sollen bis Ende Dezember noch drei weitere folgen. Die Wagen werden in den ersten Monaten vor allem für eine ausführliche Schulung eingesetzt, wobei auch Simulatoren verwendet werden sollen.

Im März 2001 sind noch einmal 60 Wagen bestellt worden. Durch diese Bestellung zusätzlich zu den bereits früher georderten 95 Wagen konnten die Beschaffungskosten um 3 % reduziert werden. Diese Amsterdamer Bestellung im Wert von 220 Millionen Euro ist die größte, die Siemens bisher für den neuen Fahrzeugtyp erhalten hat. Die Amsterdamer Ausführung mit einer geänderten Fahrzeugfront gilt als zweite Generation des Combino. Die Wagen werden in der früheren Duewag-Fabrik in Uerdingen montiert. Die Untergestelle kommen aus Graz, die elektrischen Ausrüstungen aus Erlangen.

Das Nummernsystem der GVB bietet nicht genug Platz für die in „Straßenbahnen 2001" angekündigte Nummerierung der neuen Wagen. Sie ist darum grundlegend geändert worden. Die Einrichtungswagen erhalten die Nummern 2001-2151, während die vier Zweirichtungswagen der Linie 5 (die die drei Zehnachser aus Duisburg ablösen werden) zu 2201-2204 werden. Es wird also nicht mehr die Wagen für die IJburg-Stadtbahnlinie 26 von den Wagen für das bestehende Straßenbahnnetz getrennt. Die Unterschiede zwischen beiden Typen sind minimal und beziehen sich nur auf das ATB-System für den Piet Heintunnel, durch den die neue Linie geführt wird.

Die Abstellung der vorhandenen Wagen wird anders verlaufen als erwartet. Nach den noch übrig gebliebenen 8G-Wagen (von dieser Reihe 725-779 aus den Jahren 1974-75 sind noch 31 Stück übrig) folgen die 53 „Elektronen" 6/7G (die Reihe 670-724 aus 1966-68), da es wegen fehlender Ersatzteile für die Simatic-Steuerung immer schwieriger wird, sie betriebsfähig zu erhalten. Der beste Wagen bleibt erhalten und wird mit vereinfachter elektrischer Ausrüstung zu Party- und Behindertenwagen umgebaut. Erst danach folgen die ältesten Reihen von 1959-1964, zunächst die 34 Wagen vom Typ 4/5G (Reihe 635-669) und als letzte die ältesten Wagen, die noch vorhandenen 3G (Reihe 602-634 aus 1959-61). Diese letzten werden alle noch in den neuen Farben blau und weiß lackiert, da sie noch mindestens zwei Jahre zum Stadtbild gehören werden.

Amsterdam. Am 5. Oktober 2001 fand in Uerdingen das roll-out für den ersten Combino der GVB statt (BS)

Amsterdam. Die Duisburger auf der Linie 5 erleben ihre letzten Monate. Die Linie 5 fuhr einige Zeit wegen Arbeiten auf der Leidsestraat über den Museumplein. 21. März 2001 (René van Lier).

Die Anzahl der blau/weiß lackierten Wagen nahm langsam zu. Zum 1. September 2001 waren es 58 Wagen (25 %). Acht Wagen sind als „Thematram“ künstlerisch gestaltet worden. Außerden sind ca. 70 Wagen (30 %) mit regelmäßig wechselnder Werbung beklebt. 94 Wagen (41 %), der größte Teil des Wagenparks, fährt noch immer in Gelb in verschiedenen Stadien der Alterung. Farbliche Nacharbeiten gibt es kaum. Allzu schmutzige Stellen werden manchmal mit Hilfe mit gelber Plastikfolie abgeklebt. Als im Frühjahr 2001 die Waschanlagen in den beiden Betriebshöfen Havenstraat und Lekstraat kaputt gingen, dachte der Betrieb ernsthaft darüber nach, die Wagen bis 2002, bis zur Lieferung neuer Waschanlagen für die Combino's, überhaupt nicht mehr zu reinigen. Anscheinend erkannte die Betriebsleitung diesen unhaltbaren Zustand und veranlaßte eine besondere manuelle Reinigung, so daß der Wagenpark wieder ansehnlich wurde.
Im Laufe des Jahres 2001 reduzierte sich der Wagenpark nach schweren Zusammenstößen um zwei Wagen. Am 1. September 2001 bestand er aus 231 achtachsigen Gelenkwagen. Verschrottet wurden die bei Unfällen schwer beschädigten Triebwagen 719 und 735. Nach schweren Auffahrunfällen wurden auch wieder aus nicht beschädigten Wagenteilen neuen Triebwagen zusammengestellt, während die schwer beschädigten Wagenteile in der Werkstatt wieder aufgebaut wurden. Durch den Mangel an technischem Personal ist dies stets ein langwieriger Prozeß.
Die deutsche Stahlindustrie stellt seit einiger Zeit nur noch Rillenschienen mit einem gewölbten Schienenkopf her, die besser zu den auf freier Strecke verwendeten Schienen passen. Die Straßenbahnräder müssen dafür mit einem höheren und mehr abgerundeten Spurkranz versehen werden. Im Oktober und November 2000 ist der größte Teile der Triebdrehgestelle angepaßt worden, wobei sich eine große Anzahl von Radreifen als unbrauchbar herausstellte und ersetzt werden mußte. Die Museumswagen des AOM wurden zum größten Teil für untauglich erklärt. Nur einige Zweiachser, die beiden grauen Gelenkwagen 586 und 869 sowie einzelne PCC-Wagen aus Den Haag können jetzt noch eingesetzt werden.
An verschiedenen Stellen mußte die Infrastruktur an die neuen Wagen angepaßt werden. Die Combino‘s werden 2,4 m breit sein, das auf einem einhundert Jahre altem Straßenbahnnetz wie in Amsterdam maximal Erreichbare. Trotzdem müssen gelegentlich in den Kurven die Gleisabstände vergrößert werden, wie das bereits auf dem Singel und im Gleisbogen Willemsparkweg/Koninginneweg geschehen ist
Im Laufe des Jahres 2001 sind die dafür geeigneten (d.h. nicht in einer Kurve liegenden) Haltestellen der Linien 1 und 5 für die Combino's mit einer Fußbodenhöhe von 30 cm angepaßt worden. Das ist mit Rücksicht auf die hohen gewölbten Brücken in Amsterdam etwas höher als in anderen Städten. Auch einzelne Haltestellen anderer Linien werden schon angepaßt. Merkwürdigerweise ist die

Amsterdam. Bei Meer en Vaart zweigt die künftige Linie 1 nach De Aker von den vorhandenen Gleisen nach Osdorp ab. 1. April 2001 (Bert Gortemaker).

Linie 13 bisher davon ausgenommen, obwohl auf dieser Linie die Combino's zuerst verkehren werden.
Der Bau der Stadtbahnlinie 26 zum neuen Wohnbauviertel IJburg erfolgt planmäßig. Im November 2000 wurde der erste Pfahl für die tiefer gelegene Haltestelle Rietlandpark eingerammt, an der eine Umsteigemöglichkeit zur Linie 10 geschaffen wird. Der erste Teil der Linie 26 zum Haveneiland wird Mitte 2003 dem Betrieb übergeben.
Der Bau mehrerer Verlängerungen, über die jahrelang diskutiert wurde, und wo durch Einsprüche viele Jahre verloren gegangen sind, konnte 2001 begonnen werden. Im März startete der Bau einer Straßenbahnlinie zum Neubauviertel De Aker bei Osdorp. Wenn alles planmäßig verläuft, kann die Linie 1 noch im Dezember 2001 hierhin verlängert werden. Für die Linie 17 wurde nach jahrelangen Vorbereitungen die Fahrtrichtung beim Osdorpplein umgekehrt. Hier ist jetzt eine gemeinsame Haltestelle mit der Linie 1 entstanden, die allerdings wegen der Verlängerungen der Linie 1 nach De Aker und der Linie 17 nach Osdorp nur für einen Jahr bestehen wird. Im Frühling 2001 wurden im neuen Stadtviertel auf dem früheren Eisenbahngelände Rietlanden die Gleise für die Verlängerung der Linie 10 zur Java-Insel verlegt. Trotzdem wird es bis Mitte 2003 dauern, bis diese lang erwartete Erweiterung des Straßenbahnnetzes realisiert werden kann.

Über die 2000 gebauten Straßenbahn- und Busspur im Amstelveenseweg (Teil einer zukünftigen Straßenbahnverbindung zum akademischen Krankenhaus VU-Ziekenhuis) begann eine öffentliche Diskussion, um herauszufinden, welcher Straßenbahnlinie die Anwohner den Vorzug geben. Die GVB will die Linie 16 im Laufe des Jahres 2003 hierhin verlängern, mit einer Endschleife hinter dem Krankenhaus.

Das letzte Bauvorhaben für eine neue Straßenbahnlinie war der westliche Streckenausläufer der Linie 13 in Geuzenveld, der auf einem Deich im Mittelstreifen einer Schnellstraße lag. Der Deich stellte ein Hindernis zwischen den verschiedenen Teilen des Stadtviertels dar und wurde abgetragen. Die Straßenbahnlinie mußte für einen Jahr bis zur Schleife der Linie 14 beim Sloterparkbad verkürzt werden. Am 1. Oktober 2001 kehrte die Linie 13 auf eine tiefer gelegene eigene Straßenbahntrasse und mit geänderter Schleife zurück auf den Lambertus Zijlplein.

Viele wichtige Straßen in der Altstadt wurden 2001 für kürzere oder längere Zeit aufgebrochen. Ein Teil der Arbeiten ist als Vorbereitung auf die Nord-Süd-U-Bahn nötig und hatte Schutthalden auf dem Rokin, der Vijzelgracht, dem Weteringplantsoen und der Ferdinand Bolstraat zur Folge. Bei der Fertigstellung der U-Bahnlinie ist inzwischen ein Rückstand von zwei Jahren eingetreten. Es hat sich gezeigt, daß die Baukosten dieser U-Bahnlinie zu knapp veran-

Amsterdam. Die Linie 13 erhielt in Geuzenveld eine neue Endschleife und mußte dafür einige Zeit bis zur Endstelle Sloterparkbad der Linie 14 verkürzt werden. 22. April 2001 (Karel Hoorn).

schlagt wurden. Es gibt keinen Bauunternehmer, der die Arbeiten für die vorgesehenen 2,3 Milliarden Gulden ausführen kann. Die niederländischen Bauunternehmen sind derzeit schon mit einer Anzahl von großen Projekten (Betuwe-Güterbahn, Hochgeschwindigkeitsstrecke Süd) beschäftigt und haben bestimmt kein Interesse an einem Bauvorhaben, das zu knapp kalkuliert wurde und zudem einige Risiken in sich birgt. Es ist in den Niederlanden nämlich noch nie eine Strecke im Tunnelvortrieb durch ein bebautes Gebiet angelegt worden. Überdies hat ein Gericht den Bau einiger U-Bahnstationen untersagt, woraus sich weitere Probleme ergeben haben. Für Kostenüberschreitungen des Projektes muß die Stadt Amsterdam vollständig aufkommen, da die Regierung diese Risiken mit einem Pauschalbetrag abgegolten hat.

Man untersucht derzeit, ob die Arbeiten nur zum Teil ausgeführt werden können, oder eine geänderte Streckenführung, ein Aufschub und gegebenenfalls sogar eine Stornierung Abhilfe bieten könnten. Ein Beschluß dazu wird im Herbst 2001 erwartet. Bis dahin sind nach allen vorbereitenden Arbeiten die Straßen wieder gepflastert worden und der Umbau der Straßenbahngleise zu einer Kreuzung auf dem Weteringplantsoen ist auf unbestimmte Zeit verschoben worden.

Der Einbau doppelter Gleisverbindungen auf dem Museumplein beim Concertgebouw wurde nicht verschoben, da die Linien 24 und 25 verlegt werden müssen, wenn die Ferdinand Bolstraat wegen U-Bahnbaus gesperrt wird. Diese Gleisbögen waren bereits von gutem Nutzen, als die Leidsestraat zwischen Februar und Juni 2001 wegen Kanalisationsarbeiten gesperrt war. Die GVB nutzte die Gelegenheit, um Schienen zu erneuern und die Ausweichgleise auf den Brücken zum wiederholten Male in die Straßen hinein zu verlängern. Damit sind diese Gleise jetzt für zwei 30 m lange Wagen, wie etwa die Combino's, ausreichend. Die Leidsestraat-Linien 1 und 2 wurden fast ein halbes Jahr über Rozengracht und Marnixstraat umgeleitet. Die Linie 5 fuhr über die genannten Gleisverbindung und die Strecke der Linie 16. Diese letzte Fahrtroutenänderung war schlecht durchdacht, denn die Linie 5 kam überhaupt nicht mehr in die Nähe des Leidseplein, was einen großen Verlust an Fahrgästen zur Folge hatte.

Auch auf dem Dam und in seiner Umgebung, wo der Platz durch ein neues Straßenpflaster verschönert werden sollte und die Gleise vor dem Palast verschwinden mußten, gab es längere Zeit ein Chaos. Für einen Teil der Behinderungen des Verkehrs in der Stadt war die GVB übrigens selbst verantwortlich, da viele Weichenverbindungen und einige Kreuzungen erneuert wurden. Doch wurde dadurch der Gleiszustand erheblich verbessert.

Der Stadtverwaltung hat die Genehmigung erteilt, die *Circletram*-Linie 20 Ende 2001 aufzugeben. Man erwägt, diese nicht sehr populäre Touristenstraßenbahnlinie von der Abteilung TTS (Tours und Travel Service) der GVB in eingeschränkter Form fortzuführen. Für

Amsterdam. Die Linien 1 und 2 wurden einige Monate über den Westermarkt und die Rozengracht umgeleitet. 12. Juni 2001 (René van Lier).

Amsterdam. Die erneuerte Leidsestraat erhielt zur Vorbereitung auf die Combinos längere Ausweichen. 15. Juli 2001 (Karel Hoorn).

Amsterdam. Der Dam und die angrenzenden Straßen erhielten ein völlig neues Aussehen. Die Linie 5 mußte wegen der Sperrung der Leidsestraat einige Zeit über die Mozes und Aäronstraat fahren. 17. Juni 2001 (Frans Boom).

die Linie 6, die auch zur Einstellung vorgesehen war, hat die Stadtverwaltung den Erhalt festgelegt. Vom GVB erwartet man, daß hierfür eine „kreative Lösung“ gefunden wird.

Obwohl in den Bereichen U-Bahn- und Bus-Betrieb im Sommer 2001 wieder großer Personalmangel herrschte, war der Straßenbahnbetrieb hiervon nicht betroffen. Dem Fahrermangel begegnet man, indem man Schaffner zu Fahrern ausbildet. Als Folge davon verkehren immer noch sechs Linien vom Betriebshof Havenstraat aus ohne Schaffner. Es kamen zwar 120 Schaffner und Schaffnerinnen hinzu, aber dies genügt nicht.

Im November 2000 faßte die Stadtverwaltung den Beschluß, den kommunalen GVB zum 1. Januar 2003 in eine eigenständige Aktiengesellschaft umzuwandeln, deren Aktien im Besitz der Stadt verbleiben. Infrastruktur und Gebäude bleiben Eigentum der Stadt, das Fahrzeugmaterial wird an den GVB verkauft. So möchte man den Betrieb auf die gesetzlich vorgeschriebene öffentliche Ausschreibung des Verkehrs im Jahre 2006 vorbereiten, sollte die Politik bis dahin ihre Meinung nicht ändern.

Die Gewerkschaften, die sich anfänglich gegen die Ausgliederung wehrten, sind jetzt einverstanden, wenn der Betrieb als Ganzes erhalten bleibt und nicht in die Bereiche Metro, Straßenbahn und Bus aufgeteilt wird. Nachdem angekündigt worden war, daß die

Amsterdam. Die Einstellung der Linie 20 ist Ende 2001 vorgesehen. Auch die restlichen Exemplare der sogenannten „Luftwagen“ von LHB werden bald nicht mehr benötigt. Paulus Potterstraat, 14. Juli 2001 (Frans Boom).

Amsterdam. Der wiener Zug aus Tw 110 und Bw 1810 wird regelmäßig für Sonderfahrten durch die Stadt eingesetzt. Roetersstraat, 17. Mai 2001 (René van Lier).

Direktionsmitglieder sich um ihre eigenen Stellen bewerben sollten, um diese behalten zu können, zog der Direktor, Herr von Testa, die Konsequenzen und kündigte an, die GVB zum 1. Januar 2002 zu verlassen. Unter seiner Leitung wurde der GVB zwar finanziell mehr oder weniger saniert, aber auch er hat es nicht geschafft, den bürokratisch in sich selbst gekehrten Betrieb in ein kundenfreundliches Unternehmen zu verwandeln.

Rotterdam

Die Änderungen im Liniennetz, die zum 28. August 2000 durchgeführt wurden, waren erfolgreich. Alle Straßenbahnlinien am rechten Maasufer fahren jetzt den Zentralbahnhof an. Durch die Verlängerungen der Linie 20 nach Beverwaard und der Linie 1 nach De Esch wurden mehr Fahrgäste befördert, auf der Linie 1 vor allem an Markttagen. An die neuen Fahrrouten der Linie 3 und 8 mußte man sich zunächst gewöhnen.

Die Zunahme der Fahrgastzahlen brachte auch Probleme mit sich. Wegen der zu knappen Fahrtzeiten kam auf der Linie 1 schon nach wenigen Monaten ein zusätzlicher Wagen zum Einsatz. Trotz Einsatzes der größeren Wagen der Reihe 1600 verkraftete die Linie 7 den Andrang an Fahrgästen zur Erasmus Universität nicht mehr. Mit Flugblättern wurden die Reisenden darum auf Alternativen wie die Linie 1 und die U-Bahn hingewiesen. Ab 13. November wurden in der morgendlichen Hauptverkehrszeit überdies zwei Pendelbusse

Rotterdam. Die neue Linie 8 übernahm einen Teil der eingestellten Linie 6. Vasteland, 15. September 2000 (Karel Hoorn).

Rotterdam. Die Linie 22 hatte nur einigen Monaten Bestand, dann ging sie in die Linie 20 auf. Beijerlandselaan, 15. September 2000 (Karel Hoorn).

zwischen der U-Bahnstation Voorschoterlaan und dem Burgemeester Oudlaan (Universität) eingesetzt.
Das Wachstum der Fahrgastzahlen auf der Linie 20 war überwältigend. Täglich wurden über zehntausend Fahrgäste extra befördert. Auch dieser Erfolg brachte Probleme, denn es gab nicht immer ausreichend TramPluswagen. Dies hatte Verspätungen durch den Fahrkartenverkauf beim Fahrer zur Folge. Auch die Abstimmung zwischen den Linien 20 und 22 (CS – Lombardijen) bewährte sich nicht. Diese und andere Probleme führten zur Unzufriedenheit unter dem Betriebspersonal. Als Folge kam es am 3. Oktober 2000 zu einer spontanen Arbeitsunterbrechung auf den Linien 2, 20 und 22. Diese Aktion hatte einen sofortigen Erfolg: der Umlauf wurde verlängert, am Abend wurde statt des Zwanzigminutentaktes ein Fünfzehnminutentakt eingeführt und sechs 700-er erhielten einen Fahrkartenautomaten. Auch Gleisabsenkungen wurden innerhalb von wenigen Wochen ausgebessert. Eine andere Maßnahme, die Weiterführung der Linie 22 nach Beverwaard, war zugleich deren Ende, da sie nun vollständig dieselbe Strecke fährt wie die Linie 20. Das geschah am 6. November, etwas mehr als zwei Monate nach der Indienststellung. Die Linie 20 fuhr seitdem mit neunzehn Wagen in den Hauptverkehrszeiten, was einen Takt von 4 bis 5 Minuten ergab. Samtags und sonntags fährt alle 7½ Minuten ein Wagen. Ab 5. Februar 2001 wurde die Taktfolge erneut erhöht. Die Linie 20

Rotterdam. Der Verkehrszuwachs verursachte einen Wagenmangel, so daß, wie hier Tw 373 auf der Linie 4, Museumswagen im Linienverkehr eingesetzt werden mußten, Nieuwe Binnenweg, 16. Februar 2001 (Gerard van Buuren).

verkehrt seitdem mit 21 Wagen zur Spitze der Hauptverkehrszeiten im Dreiminutentakt und ist damit die am häufigsten verkehrende Straßenbahnlinie in den Niederlanden.

Das Anwachsen des Verkehrs hatte innerhalb kurzer Zeit einen Wagenmangel bei der RET zur Folge, da in der Vergangenheit Straßenbahnwagen sehr schnell zum Schrotthändler abgegeben oder an andere Betriebe verschenkt wurden. Als erste Abhilfe wurden die ziemlich modernen Museumswagen, die von Romeo betrieben werden, wieder für den Linienverkehr hergerichtet. Die Wagen 368, 373 und 385 wurden ab 4. Februar 2001 auf den Linien 4 und 5 eingesetzt. Aufwendiger war es, den abgestellten Triebwagen 1610 aufzuarbeiten. Dieser Wagen war früher schon vieler Teile beraubt worden und mußte mit Teilen des abzustellenden Wagens 622 (die „Erbsensuppe-Bahn“) wieder betriebsfähig gemacht werden. Zum Abschluß wurde er noch grün/weiß lackiert.

Die Rückkehr der Wagen 1602 und 1605 aus Amsterdam im Februar 2001 bedeutete eine weitere Verstärkung. Diese Wagen ersetzten die Museumswagen auf den Linien 4 und 5. Inzwischen hat Wagen 1605 eine leicht veränderte „Tingeling-Ausführung“ des Comiczeichners Martin Lodewijk erhalten, wie sie früher Wagen 362 besaß. Wagen 1602 wurde mit einer grün/weißen Folie beklebt.

Es waren jedoch tiefgreifender Maßnahmen erforderlich, weil auch die bestellten Niederflurwagen ein halbes Jahr später als geplant

Rotterdam. Der als Ersatzteilspender abgestellte 1610 wurde wieder betriebsfähig gemacht und dabei grün/weiß lackiert. Die doppelte Vordertür wurde beibehalten. Kruisplein, 22. Mai 2001 (Wouter van Beek).

Rotterdam. Die Triebwagen 1602 und 1605 kamen aus Amsterdam zurück und ersetzten die Museumswagen im Linienverkehr. Schiedamseweg, 30. März 2001 (Hans Oerlemans).

Rotterdam. Die Citadis-Wagen von Alstom nehmen Gestalt an. Eine Computerzeichnung zeigt, wie sie ungefähr aussehen werden. Über diese Farbkombination ist noch nicht endgültig entschieden. (RET/Alstom).

ausgeliefert werden. Im Oktober 2002 wird der erste erwartet. Die Serienlieferung erfolgt Mitte 2003. Man hat sich darum im Ausland nach geeigneten Gebrauchtwagen umgesehen. Nachdem Wagen aus Hannover (Stadtbahnwagen der Reihe 6000) und Düsseldorf (GT8SU-Wagen der Reihe 3100) wegen zu hoher Kosten nicht in Frage kamen, hatte die RET in Wien Erfolg. Dort wurden zu einem Betrag von 8000 Gulden pro Wagen zwölf Gelenkwagen angekauft. Es sind zehn Wagen des Typs E_1 von 1971 mit den Nummern 4751, 4753, 4754, 4758 bis 4760, 4764 bis 4767, und zwei Wagen des Typs E von 1962 mit den Nummern 4626 und 4629. All diese Gelenkwagen sind von SGP unter der Lizenz von Düwag gebaut worden. Als Ersatz wurden zwei Motordrehgestelle und ein Laufdrehgestell übernommen. Auch die zwei Wagen der Reihe E sind als Ersatzteilspender beschafft worden.

Der erste Transport von zwei Wagen kam am 5. Juli 2001 in Rotterdam an; der letzte Transport am 18. August 2001. Ehe die wiener Wagen dem Betrieb übergeben werden können, müssen noch einige Anpassungen durchgeführt werden. Die wichtigsten sind der Einbau einer abschließbaren Fahrerkabine und die Anbringung von Entwertern. Die Wagen werden nicht mit den Stadtfarben weiß und grün beklebt, aber bleiben weiterhin rot/weiß. Die Wagen des Typs E_1 erhalten die Nummern 651 bis 660 und die beiden E-Wagen 661 und 662. Die Nummerierung schließt auf diese Weise an die frühere

Rotterdam. Um den Wagenmangel nachhaltiger zu beheben, wurden in Wien zehn Gelenkwagen vom Typ E_1 und zwei vom Typ E gekauft. Am 5. Juli 2001 wurde Tw 4758 als erster Wagen auf dem Werkstattgelände am Kleiweg abgeladen. (BS).

Reihe Düwag-Gelenkwagen 601 bis 635 an. Die RET plant die zehn Wagen vom Typ E_1 auf der Linie 2 einzusetzen (acht Plandienste und zwei Ersatzwagen) und hofft so, die Periode bis zur Ablieferung der Niederflurwagen zu überbrücken.

Wegen Kapazitätsproblemen in der Werkstatt wurden die Wagen 728, 811 und 837 Anfang 2001 zur Ausbesserung schwerer Kollisionsschäden zur Werkstätte Haarlem der niederländischen Eisenbahnen überführt. 703 folgte später aus dem gleichem Grund. Bei einer Auffahrunfall im Jahre 2001 wurden die Wagen 744 und 749 beschädigt. Aus den am besten erhaltenen Teilen beider Triebwagen wurde eine neuer Wagen mit der Nummer 744 zusammengestellt (744A und 749B), während die schwer beschädigten Teile 744B und 749A Ende Juli zur Reparatur bei der HTM überführt wurden. Die niederländischen Eisenbahnen waren inzwischen zu sehr mit den eigenen Fahrzeugen beschäftigt.

Im Januar wurde wieder einmal der Beschluß rückgängig gemacht, keine Wagen mehr mit Werbung zu bekleben. Zur Begründung hieß es, daß die RET viele Ausgaben für die Veranstaltung „Kulturelle Hauptstadt“ hätte machen müssen.

Zum Jahreswechsel 2000/2001 wurde der Subventionsvertrag über einem Betrag von 168 Millionen Gulden für den Bau der TramPluslinien vom Oostplein nach Schiedam und Vlaardingen unterzeichnet. In Schiedam wird das Straßenbahngleis auf der Broersvest in die

Rotterdam. Die Arbeiten für die TramPlus-Linie nach Schiedam und Vlaardingen begannen mit einer Anpassung der Strecke im Westen. Eerste Middellandstraat, 16. Juni 2001 (Gerard van Buuren).

Straßenmitte verlegt. Ab Kehrschleife Stadserf wird über die Overschiesestraat zum Bahnhof Schiedam gefahren und anschließend über den Horvathweg die alte bestehende Fahrtroute erreicht. Über den Brederoweg in Schiedam geht ein Abzweig nach Vlaardingen. Diese neue Strecke ist 2,5 km lang und endet in einem Wendedreieck beim Holysingel, kurz nach dem Einkaufszentrum De Loper. In Schiedam wird die Linie um 1,5 km zum künftigen Bahnhof Spaland an der Eisenbahnstrecke nach Delft verlängert. Im Herbst 2001 beginnen die Arbeiten auf der Broersvest, in Vlaardingen in 2002. 2004 soll die Linie fertig sein. Am 17. April 2001 begannen die Anpassungsarbeiten für die Straßenbahn auf der Linie West-Kruiskade – Mathenesserplein für die TramPlus. Die Linien 1 und 7 wurden von jenem Tag an über die Nieuwe Binnenweg und die Mathenesserlaan umgeleitet. Ab 9. Juni führte die Umleitung über die Claes de Vrieselaan und die Mathenesserlaan, bis am 21. Juli 2001 die Wagen wieder ihre normale Route fahren konnten. Die Gleise sind erneuert wurden, die Fahrleitungsmasten stehen jetzt zwischen den Gleisen, und die Bahnsteige der Haltestellen sind erhöht worden.

Die Carnesselandelijn, die künftige TramPluslinie zum Neubauviertel Carnisselande bei Barendrecht stößt noch immer auf den kräftigen Widerstand der Bewohnern und Ladeninhabern der Groene Hilledijk. Der Gemeinderat hat trotzdem beschlossen, die Route

Rotterdam. Während des Marathons von Rotterdam gab es auf dem Laan op Zuid einen Pendelverkehr mit Vierachser 504 als Ersatz für die unterbrochene Linie 20, 22. April 2001 (Theo Barten).

Groene Hilledijk – Dordtsestraatweg – Slinge – Langenhorst beizubehalten. Inzwischen hat die Ministerin für Verkehr finanzielle Mittel für diese Strecke zugesagt, so daß die Linie Ende 2003 realisiert werden kann.

Aus der Fußballlinie 23 wurde mit Beginn des Winterfahrplanes 2001/2002 eine reguläre Straßenbahnlinie, die vorläufig tagsüber zwischen 07.00 und 19.00 Uhr stündlich und in den Hauptverkehrszeiten im Zwanzigminutentakt verkehrt, als Vorläufer der TramPluslinie nach IJsselmonde.

Die Pläne für die städtebauliche Entwicklung des südlichen Teils vom Kop van Zuid, des Gebiets in der Nähe des Hillesluis, lassen für den heutigen Betriebshof Hilledijk kein Platz mehr. Der Betriebshof wird also umziehen müssen. Es ist von einem neuem Betriebshof in Beverwaard die Rede.

Zur Erhöhung der Sicherheit in den Straßenbahnwagen in den Wagen der Linie 20 sind probeweise Kameras eingebaut worden, während auf der Linie 7 Stewards eingesetzt werden. Die RET erwägt, nach dem Vorbild der GVB in Amsterdam, wieder Straßenbahnschaffner einzuführen. Ein Beschluß darüber ist noch nicht gefaßt worden. Im Jahre 2000 wurden 35 Weichen in Vecom-Weichen umgebaut, im Jahre 2001 kommen noch einmal 40 hinzu. Die Weichen des Zentralbahnhofs werden vorläufig noch nicht umgebaut, weil hier größere Bauvorhaben existieren. Der Zentralbahnhof und die Bahnhofsumgebung werden in den nächsten Jahren im

Rotterdam. Achtachser 1629 wurde zum Fahrschulwagen umgebaut, wobei die Vordertür durch ein Fenster ersetzt wurde. Ein Einsatz im Linienverkehr ist dadurch nicht mehr möglich. 3. März 2001 (Ed Krebbers).

Zusammenhang mit der kommenden Hochgeschwindigkeitslinie völlig umgebaut.
Wagen 1629 wurde zum Fahrschulwagen umgebaut. Da die vordere Türen durch ein größeres Fenster ersetzt wurden, ist dieser Wagen nicht mehr für den Fahrgasteinsatz geeignet. Wagen 701 bis 750 und 827 bis 850 erhielten eine Matrixlinien- und Zielangabe. In einigen 1600-er wird diese Anlage auch erprobt, weil das Personal offensichtlich keine Lust hat, an den Endhaltestellen die neue Fahrzielangabe einzustellen. Als Folge davon fahren die Wagen jetzt regelmäßig ohne Fahrzielangabe. Diese Matrixlinienziffern sind außergewöhnlich klein, am Heck fehlen sogar alle Angaben. PCC-Schleifwagen 2303 wurde von der HTM wieder betriebsfähig gemacht und soll im Herbst bei Glätte durch heruntergefallenes Laub eingesetzt werden.
Die Museumsringlinie 10 verkehrte wieder täglich, außer montags und freitags vom 1. Juli bis zum 9. September 2001 und anschließend bis zum 30. September an den Wochenenden. Es wurden halbstündlich drei Vierachser aus den dreißiger Jahren eingesetzt. Für den Einsatz auf dieser Linie wurden auch die Museumswagen 830 und 756 aus Den Haag überführt, aber wegen Versicherungsproblemen konnten sie nicht eingesetzt werden.
Während der Wintersaison wurde Wagen 622 nicht mehr für die „Erbsensuppen"-Fahrten eingesetzt. Die Bleche waren in einem so schlechten Zustand, daß der Wagen am 2. Februar 2001 abgestellt

werden mußte. Stattdessen wurde Wagen 1628 eingerichtet und als „Vierjahreszeiten-Wagen“ bemalt. Am 21. Oktober 2000 erfolgte die erste Fahrt der Wintersaison. Wegen des Erfolgs der „Erbsensuppen“-Bahn wurden 2001 auch in den Sommermonaten Juli und August Fahrten durchgeführt, die aber nur mäßiges Interesse fanden. Die neue Wintersaison beginnt im Oktober 2001. Am 28. Juni 2001 unterzeichneten die RET und Romeo einen Vertrag, mit dem die RET Romeo den Betrieb der Museumswagen und die Durchführung von Sonderfahrten überträgt. Ein Aufzug von Museumswagen zum Coolsingel gab der Unterzeichnung einen würdigen Rahmen.

Den Haag

Seit dem 3. September 2001 gelten neue Fahrpläne mit einer großen Zahl von Linienänderungen. Die Linie 1 wurde über den Bahnhof Hollands Spoor geführt und nutzt dabei die neuen Gleise durch die Jan van der Heijdenstraat. Die Linie 10 befährt ab Dezember 2001 die von der Linie 1 verlassene Strecke über den Rijswijkseweg und fährt dann also nicht mehr über Hollands Spoor. Die Linie 2 ist über die Fahrtroute der Linie 3 vom Zentralbahnhof nach Leidschendam Noord verlängert worden, die Linie 3 wegen unterschiedlicher Fahrgastzahlen auf den beiden Streckenästen auf die Strecke Centraal Station – Loosduinen verkürzt worden um kürzere Taktzeiten zu erhalten. Insgesamt kommt man dadurch mit weniger Wagen aus. Die Linie 6 verkehrt die ganze Woche über nach Leidsenhage. Die Linie 7 wurde eingestellt und die Linie 17

Den Haag. Die Linie 1 nutzt seit dem 3. September 2001 eine neue Strecke über die Jan van der Heijdenstraat und den Lorentzplein. 3. September 2001 (Kees Pronk).

Den Haag. Die Änderungen im Liniennetz führten zur Einstellung der Linie 7. Buitenhof, 19. Juni 2001 (Hans Casteleijn).

vom Centraal Station (unten) über die Lange Vijverberg und die Route der Linie 7 zum Statenkwartier verlängert. Nur die Linien 8, 9, 11, 12 und 16 wurden nicht verändert. Die HTM hatte geplant die Linie 9 einzustellen, bis die Verlängerung über den Dedemsvaartweg zum Wateringse Veld fertig ist. Die Behörden des Stadtkreises Haaglanden (Auftraggeber der HTM) haben jedoch entschieden, die Linie 9 im neuen Liniennetz weiterhin zu betreiben und sie auch nicht zu einer HVZ-Linie zu degradieren.

Ab Januar 2002 gibt es zum bestehenden Liniennetz zusätzlich die neue Linie 15 ab Centraal Station über Spui – HS – Hoornbrücke nach den grossen Neubauvierteln Ypenburg und Nootdorp. Diese Linie erhält wegen Problemen beim Grundstückserwerb zunächst eine kleinere Kehrschleife. Am Tage wird ein Zehnminutentakt, abends und den Wochenenden ein Viertelstundentakt gefahren. Der neue Fahrplan bedeutet, daß in den kommenden Jahren wieder mehr Ruhe auf dem Straßenbahnnetz einkehren wird.

In Den Haag und den Anliegergemeinden ist in den vergangenen Jahren außergewöhnlich viel Arbeit für Infrastruktur aufgewendet worden. Das hatte für die Fahrgäste der Straßenbahn viele negative Folgen. Einige schon früher in Angriff genommene Projekte wurden im Laufe der Jahre 2000 und 2001 fertiggestellt. Zunächst ist das die erneute Verlegung von Gleisen in de Grote Marktstraat im Herzen der Stadt. Im September 2000 lagen die Schienen zum größten

Den Haag. Mit den Änderungen im Netz verschwand auch die Linie 6K. Kalvermarkt, 6. Mai 2001 (Kees Pronk).

Den Haag. Bei der Hoornbrug sind die Gleise und Überführungen für die künftige Linie 15 bereits gut zu erkennen. 31. Mai 2001 (Johan Blok).

Den Haag. Die Linien 2 und 6 kehrten in die Grote Marktstraat zurück. 22. Februar 2001 (Karel Hoorn).

Teil auf ihrem neuen Platz. Im Oktober war die Kreuzung mit dem Spui in Angriff genommen und die Strecke an das Straßenbahnnetz angeschlossen worden. Am 18. November 2000 wurde die Strecke für die Linien 2 und 6 in Betrieb genommen. Wegen der Einfahrt zum Straßenbahntunnel liegen die Gleise zum Teil näher am Bürgersteig als früher und es konnte keine Gleisverbindung zum Spui in Richtung Zieken gebaut werden. So muß die Linie 10 weiterhin über die Jan Hendrikstraat und den Buitenhof verkehren. Um die stark befahrene Kreuzung Spui/Grote Marktstraat zu entlasten, verkehren die Linien 1 und 9 jetzt wieder über den Schedeldoekshaven. Die Linie 1K verkehrte zunächst über die Schleife Schedeldoekshaven – Spui – Kalvermarkt – Turfmarkt – Schedeldoekshaven, aber seit dem 9. Juni 2001 in der Gegenrichtung wegen der Verlängerung der Linie 17 über den Turfmarkt und CS (unten) nach Scheveningen.

Im Bereich Centraal Station sind die Arbeiten fast beendet worden. Am 25. September 2000 wurden die neuen Gleise am Koekamp dem Betrieb übergeben. Weil die Weiche auf der Bosbrücke in Richtung des Koekamp verlegt wurde, entstand hier eine kurze Gleisverschlingung. Bei einer Weichenstörung muß der Fahrer jetzt nicht mehr mitten auf der Kreuzung halten, um die Weiche von Hand zu stellen. An der Haltestelle Centraal Station (unten) ist am

Den Haag. Am Koekamp entlang erhielt die Straßenbahn eine neue Strecke auf eigener Trasse. 24. April 2001 (MT).

6. November 2000 das vierte Gleis für die Linie 12 in Richtung Rijswijkseplein in Betrieb genommen, so daß hier eine gut ausgebaute Haltestelle entstanden ist. Auf dem Rijswijkseplein werden die Arbeiten weiter fortgesetzt. Im Juli 2001 wurde ein neues Gleis von den Zieken zur Oranjelaan verlegt. Die Absenkung der Unterführung unter dem Eisenbahnviadukt in Rijswijkseweg wurde in Angriff genommen. Hier fuhren sich fast regelmäßig Lastkraftwagen fest und beschädigten die Fahrleitung. Um diese Arbeiten zu ermöglichen, wurde die Linie 1 vorübergehend eingestellt. Aber sie werden länger dauern als geplant, voraussichtlich bis Anfang Dezember 2001. Die Linie 10 muß deshalb noch einige Monate länger über den Bahnhof HS und die Laakkade verkehren. Wenn die Arbeiten am Rijswijkseplein weiter vorangekommen sind, erhält die Linie 11 dort eine Einstiegshaltestelle.
In Leidschendam war Oktober 2000 Baubeginn für eine Straßenbahnkreuzung mit Überführung über den Verlengde Landscheidingsweg. Die unbenutzten Viaduktpfeiler in der Straßenbahntrasse wurden abgetragen und im Mai 2001 wurden provisorische Gleise um die Baustelle herum in Betrieb genommen.
Ebenfalls im Oktober 2000 begann der Bau der Strecke der Linie 15 bei Hoornwijck, einer kurzen Strecke südlich der Hoornbrücke. An

Den Haag. Auf dem Rijswijkseplein wurden die Gleise so verlagert, daß Straßenbahn- und Autoverkehr getrennt wurden. 8. September 2001 (Kees Verhulst).

der Brücke wurde gleichzeitig eine kreuzungsfreie Verbindung zur Linie 1 gebaut. Dabei erhielt die Hoornbrücke neue klappbare Fahrbahnen, auf denen die Straßenbahnen in Straßenmitte verkehren wird. Im Laufe des Jahres 2001 ist die gesamte Straßenbahnstrekke nach Nootdorp gebaut worden. Während des Umbaus der Hoornbrücke war die Linie 1 vom 28. Mai bis zum 2. September 2001 eingestellt. Die Strecke nach Scheveningen wurde ab Rijswijkseplein von der Linie 17 übernommen. Zwischen dem Bahnhof Rijswijk und Delft Tanthof verkehrten Ersatzbusse. Statt halbstündlich wurde abends und an Sonntagen auf der Linie 10 viertelstündlich gefahren.

Durch die Einstellung der Linie 1 konnten auch die Gleise entlang des Delftweges ersetzt und die beweglichen Teile der Reineveldbrücke in Delft erneuert werden. Durch diese koordinierten Maßnahmen wird es nicht nötig sein, die Linie 1 in einigen Jahren erneut zeitweise stillzulegen. Im September 2000 begann der Bau der Strecke durch die Jan van der Heijdenstraat, zwischen dem Lorentzplein und dem Haagweg an der Gemeindegrenze zu Rijswijk. Mit dem Anschluß der Gleise beim Haagweg Anfang Juni 2001 war die Strecke befahrbar. Für Notfälle ist auch eine Weichenverbindung zwischen der Jan van der Heijdenstraat und der Gouver-

Den Haag. Die Linie 17 verkehrte im Frühjahr und Sommer 2001 als Ersatz für die vorübergehend eingestellte Linie 1 nach Scheveningen. Noorderstrand, 10. Juni 2001 (Kees Pronk).

neurlaan gebaut worden. Die Strecke wurde zum neuen Fahrplan am 3. September mit der Linie 1 in Betrieb genommen. Im Januar 2002 wird die Linie 15 folgen.
Das größte Vorhaben bleibt natürlich immer noch der Straßenbahntunnel unter der Grote Marktstraat. Der alljährliche Wassereinbruch ereignete sich diesmal im April und er verursachte natürlich einen weiteren Anstieg der Kosten. Auch erhöhte brandschutztechnische Auflagen verursachten zusätzliche Kosten. Insgesamt kostet der Tunnel jetzt 475 Millionen Gulden, was weit über den ursprünglich veranschlagten 279 Millionen Gulden liegt. Als Eröffnungsdatum ist der 19. Oktober 2004 vorgesehen, was einer Verspätung von vier Jahren entsprechen würde.

Die wenigsten Einwohner von Den Haag dürften bemerkt haben, daß der Fahrzeugpark um zwei Wagen erweitert wurde. Die HTM hat für den Straßenbahnverkehr der niederländischen Eisenbahnen zwischen Houten und Houten Castellum die Wagen 6016 und den 6021 von der Üstra in Hannover übernommen. Es gab Probefahrten auf der dafür angepaßten Strecke Lijsterbesstraat – De Savornin Lohmanplein. Die Wagen sind nämlich mit 2,40 m etwas breiter als die haager Wagen. Wahrscheinlich wurden deshalb keine weiteren Wagen dieses Typs übernommen, obwohl ein Fahrzeugmangel

Den Haag. Aus Anlaß der Fischereitage am 2. Juni 2001 konnte man zum ersten Mal seit langer Zeit wieder zwei Triebwagen der Reihe 800 auf der Straße sehen. Van Boetzelaerlaan (BS).

droht. Allerdings glaubt der Betrieb voller Optimismus, auch nach der Inbetriebnahme der Linie 15 mit den heutigen 147 Wagen auszukommen. Pläne für die Beschaffung von neuen Fahrzeugen gibt es noch immer nicht und der Betrieb dementiert kategorisch, auf der Suche nach Gebrauchtwagen zu sein.

Die HTM war aber Anfang 2001 sehr wohl auf diesem Markt aktiv, und wollte 50 Üstra-Wagen übernehmen, um damit nach dem Vorbild der RandstadRail den Betrieb auf der Zoetermeerlijn von der Staatsbahn NS zu übernehmen. Durch den Einsatz von Straßenbahnwagen könnten deren Regionalzüge frei werden, um anderswo in den Niederlanden Abhilfe für den Fahrzeugmangel bei der NS zu schaffen. Der Plan scheiterte, weil es aus der Sicht der NS zu lange dauern würde, das Asbest aus den Straßenbahnwagen zu entfernen und sie für den Betrieb mit 1500 Volt umzubauen. Auch die Aufsichtsbehörde Railned wollte keine Straßenbahnwagen und Eisenbahnzüge auf demselben Gleis zulassen. Es wird interessant, wie Railned entscheiden wird, wenn die HTM mit Niederflurwagen zwischen Gouda und Alphen einen Probebetrieb durchführen will.

Die HTM untersucht mit einer anderen Lösung dem drohenden Fahrzeugmangel zu begegnen. Die Kapazität bestehender Wagen soll vergrößert werden, so daß auf bestimmten Linien die Zahl der Umläufe verringert werden kann. Dazu sollen vorhandene Fahrzeuge ein zweites, niederfluriges Mittelteil erhalten. Die HTM denkt dabei an einen Kunststoff-Wagenkasten, wie er für die Velocity-

Tram von Fokker/Stork/RMO entwickelt wurde. Dafür müßten dann auch eine große Zahl von Bahnsteigen verlängert werden.
PCC 1329 ist im Jahre 2001 an ein amerikanisches Trammuseum in der Nähe von Washington abgegeben worden. Am Fischereitag, dem 2. Juni 2001, zog es wie immer viele Menschen nach Scheveningen Hafen. Zur allgemeinen Freude ersetzten vier Museumswagen die planmäßigen Wagen der Linie 11. Zum ersten Mal seit längerem erschienen auch die Zweiachser 810 und 819 wieder auf der Strecke.

RandstadRail
Diese oben bereits erwähnte Stadtbahn (auf holländisch: light rail) zwischen Den Haag, Zoetermeer und Rotterdam wird wohl teurer als vorgesehen. Infolge von Preissteigerungen und ungünstigen Entwicklungen hat der Plan die veranschlagten 1,8 Milliarden Gulden bereits mit 100 Millionen Gulden überschritten. Die Verkehrsministerin hat bei Verhandlungen im Juli 2001 noch einmal bestätigt, daß sie nicht mehr Geld geben wird.
Auf rotterdamer Seite sollen Kosten gespart werden, indem man für den Bau eines Tunnels unter dem Wohnviertel Blijdorp nur ein Bohrgerät benutzt. Als Folge wird der Bau natürlich zweimal so lange dauern. Auf der haager Seite hat man das Vorhaben unter anderem durch Wegfall einer Überführung in Pijnacker vereinfacht. Die neue Verbindung Zoetermeer – Rotterdam und der Bau eines Streckenastes im Vorort Berkel waren schon früher gestrichen worden. Man hofft immer noch, 2004 mit der Stadtbahn von Zoetermeer nach Den Haag fahren zu können. Der rotterdamer Zweig über die Hofpleinlijn (eine Eisenbahnlinie) wird erst 2006 oder 2007 fertiggestellt. Im Herbst 2001 soll das endgültige Abkommen mit dem Verkehrsministerium unterschrieben werden.

Utrecht
Nicht nur die Fahrzeuge, sondern auch die Haltestellen erhalten jetzt die dringend notwendigen Reparaturen. Am 5. November 2000 wurde die erste ausgebesserte Haltestelle Batau Noord offiziell dem Betrieb übergeben. Alle anderen Haltestellen in Nieuwegein und IJsselstein werden nach diesem Vorbild umgebaut, Ausnahmen sind die Haltestellen Binnenstad, IJsselstein und Nieuwegein Zuid. Über die Arbeiten in Utrecht muß noch entschieden werden.
Am 8. Dezember 2000 rammte der Ausleger einer rückwärts fahrenden LKW mit Betonpumpe den vorbeifahrenden Triebwagen 5022. Ein Toter, eine große Anzahl Verletzter und ein stark beschädigter Wagen waren die Folge. Die Ausbesserung des Wagens 5022 bei PFA in Weiden wird dadurch umfangreicher als vorgesehen.
Die Revision der Wagen wurde Anfang 2001 verzögert, weil PFA in finanzielle Schwierigkeiten geraten war und ein Konkurs drohte.

Nieuwegein. Das charakteristische viereckige Äußere der Schnellstraßenbahnwagen wurde durch ein modernes Design abgelöst. Im Juli 2001 wurde als letzter Wagen Tw 5027 zur Modernisierung in das deutsche Weiden überführt. Zuilenstein, 5. September 2000 (Ton Voogel).

Nieuwegein. Nicht nur die Fahrzeuge wurde aufgearbeitet, auch die Haltestellen wurden in Angriff genommen, wobei sie größere Schutzhäuschen erhielten. Batau Noord, 19. Februar 2001 (Gerard van Buuren).

Nachdem dieses Problem vorläufig gelöst worden war, konnten die Revisionsarbeiten am Wagen 5024 wieder fortgesetzt werden. Am 1. August 2001 waren die Wagen 5001-5025 mit Ausnahme des schwer beschädigten 5022 fertig. Die 5026 und 5027 waren bei PFA in Arbeit, so daß keine gelben Wagen mehr verkehren. Der 5022 wird frühestens Ende November fertig. Die Pläne für den Bau einer unterirdischen Straßenbahn- und Busstation quer unter den Gleisen von Utrecht CS wurden aufgegeben, da das Projekt viel mehr gekostet hätte, als ursprünglich veranschlagt.

Houten

In überraschend kurzer Zeit haben die Niederlande einen fünften Straßenbahnbetrieb hinzu bekommen, wenn auch nur vorübergehend. Die NS verlegte im Herbst 2000 parallel zur Eisenbahnlinie Den Bosch – Utrecht ein drittes Gleis mit einer Länge von 1900 m zwischen dem Bahnhof Houten und einer neuen Haltestelle Houten Castellum. Dies ist der Beginn eines späteren viergleisigen Ausbaus der Eisenbahn bis Utrecht. Weil es nicht einfach ist, ein Zug auf einer derart kurzen Strecke zu betreiben, hat die NS entschieden, hier eine Straßenbahn einzusetzen. Vom haager Straßenbahnbetrieb HTM wurden zwei Wagen gemietet, die dafür von der Üstra in Hannover übernommen wurden.

Am 2. Januar 2001 wurde der Betrieb von der Verkehrsministerin eröffnet und am 8. Januar der erste reguläre Betrieb durchgeführt.

Houten. Am 4. Januar 2001 wurde, wenn auch nur vorübergehend, ein fünfter Straßenbahnbetrieb in den Niederlanden auf dem dritten Eisenbahngleis zwischen Houten und Houten Castellum eröffnet. 28. Januar 2001 (Marco Moerland).

Werktags wird tagsüber viertelstündlich gefahren. Die Fahrtzeit hin und zurück beträgt acht Minuten, so daß ein Wagen genügt. Um keine Mißverständnisse aufkommen zu lassen, werden die Fahrten im Kursbuch und auf den Abfahrtstafeln als Straßenbahnverkehr ausgewiesen. Zuerst fuhr Personal der HTM aus Den Haag auf dieser Kurzstrecke, wurde aber später durch Personal aus dem nahgelegenen Utrecht ersetzt.
Üstra-Wagen 6021, der im September 2000 in Den Haag ankam, wurde bei der HTM als erster dem Einsatz auf NS-Gleisen angepaßt. Unter anderem wurden breiteren Radreifen für den Einsatz auf Eisenbahngleisen montiert. Anfangs lieferte eine provisorische Trafostation der HTM für die neue Strecke eine Fahrspannung von 600 V. Im Februar 2001 kam als nächster der in Hannover angepaßte Triebwagen 6016. In diesem Wagen hat die HTM einen Downchopper eingebaut, der eine Fahrspannung von 1500 V in 600 V umsetzt. Zur Erprobung dieses Systems wurden im April von der NS-Werkstätte Leidschendam aus auf der Hofpleinlijn nach Rotterdam Probefahrten unternommen.
Nach einigen Probefahrten in Süd-Limburg im Juni 2001, wo man auch an Light rail Plänen arbeitet, wurde Wagen 6016 nach Houten überführt, wo er Wagen 6021 ablöste. Auch dieser Wagen erhielt einen Downchopper und bleibt in Den Haag als Reserve. Die Fahrspannung auf der Strecke in Houten wurde anschließend am 24. Juli 2001 auf 1500 V erhöht.
Schon in der ersten Januarwoche wurde Wagen 6021 von Graffitisprayern schwer heimgesucht. Das wurde von einer fehlenden Unterstellmöglichkeit für den Wagen begünstigt. Erst im Juni (!) wurde das Gleis in Houten Castellum um einige Meter verlängert und umzäunt, so daß der Straßenbahnwagen nachts auf abgeschlossenem Gelände steht. Es bleibt abzuwarten, ob das genügt, künftig Vandalismusschäden zu verhindern.

Light rail

Die Entwicklung in Houten zeigt, daß es manchmal schnell gehen kann. Bei der Behandlung des Haushalts des Verkehrsministeriums im Herbst 2000 haben die Mitglieder der Zweiten Kammer den langsamen Fortschritt aller übrigen Light rail Projekte in den Niederlanden kritisiert. Der politische Druck, die Projekte schneller zu realisieren, wird spürbar. Die Eisenbahnverbindung Gouda – Alphen, Teil der künftigen RijnGouweLijn Gouda – Alphen – Leiden (– Katwijk), hat gute Aussichten, daß hier als erster Light rail erprobt wird. Die Provinz Süd-Holland will hier ab Ende 2002 in der Praxis die Probleme bei der Zusammenführung von Zug und Straßenbahn auf dem Gebiet der Sicherheit und der Infrastruktur lösen. So müssen z.B. Bahnsteige niedriger gemacht werden. Ein zweites Ziel ist es, die Reisenden mit diesem neuen Verkehrsmittel vertraut zu machen. Der Probebetrieb soll mindestens zwei Jahre dauern. HTM

Arnheim. Der Vierachser 76 war für kurze Zeit Gast in Rotterdam, um die Radreifen abdrehen zu lassen. Eine Fahrgastfahrt war leider nicht möglich. 15. August 2001 (BS).

und NS gehören gemeinsam zu den möglichen Betriebsführern. Die HTM hat dazu bei Bombardier sechs Stadtbahnwagen vom Stockholmer Typ A32 bestellt.
Auch zwischen Haarlem und Zandvoort soll es ab Sommer 2002 einen Probebetrieb geben. Hier werden wahrscheinlich ein oder zwei Stadtbahnwagen aus Amsterdam eingesetzt.

Arnheim

Anfang Januar 2001 präsentierte die Stadt Arnheim einen Plan, das Freiluftmuseum mit der Stadtmitte durch eine Museumsstraßenbahn zu verbinden, welche durch Ehrenamtliche betrieben werden soll. Die Linie sollte auch an Sehenswürdigkeiten wie den Burgers Zoo und einen zukünftigen Wassermuseum vorbeiführen. Später kann die Linie zu einem ebenfalls noch zu bauenden Transferium (einer Umsteigemöglichkeit zwischen PKW und Bahn) an der Autobahn A12 weitergeführt werden. Dann ist die Phase der Betriebsführung durch Ehrenamtliche jedoch vorbei. Der Gemeinderat muß den Plan noch beraten.

Belgien und Luxemburg

Brüssel

Am 5 April 2001 ist ein neues Verwaltungsabkommen für die Jahre 2001 bis 2005 zwischen den MIVB und der brüsseler Region unterschrieben worden. In diesem Plan ist der Rahmen für die Entwicklung des brüsseler öffentlichen Verkehrs in den kommenden fünf Jahren festgelegt worden. Die in diesem Plan festgelegten Erweiterungen der U-Bahn werden auch Einfluß auf das Straßenbahnnetz haben. Am 1. September 2003 wird die Linie 1B nach Erasme im Südwesten der Stadt verkehren.

Dabei wird teilweise die bis Januar 1999 von der Linie 56 befahrene Strecke benutzt. Bei der Eröffnung wird die Tram von der Koning-Soldaatlaan zu einer neuen Endstelle Pede am Ende des Marius Renardlaan verlegt werden. Die heutige Strecke ab Claude Debussystraat bis zur Endstelle Sint-Niklaas und die Schleife COOVI werden dann verschwinden.

Anfang September 2005 wird die U-Bahnlinie 2 um eine Station von Clemenceau nach Delacroix verlängert werden. Das bedeutet das Ende der Straßenbahnlinie 83. Die Gleise zwischen dem Baraplein und der Weststation bleiben jedoch als zweiter Anschluß für den Betriebshof Molenbeek erhalten.

Zu diesem Fünfjahrplan gehört auch die beidseitige Verlängerung der Linie 55. Ab 1. Februar 2003 wird diese Linie an der Südseite über den Alsembergsesteenweg bis nach Linkebeek, mit einer neuen Endhaltestelle Moensberg in Höhe der Eisenbahnlinie Halle – Etterbeek – Vilvoorde an der Hees de Lilezstraat, weitergeführt. Die Erweiterung an der nördlichen Seite bis zum Hauptquartier der NATO in Evere soll vor dem 1. Juli 2004 realisiert werden.

Der Bau einer Straßenbahnverbindung im Norden der Stadt über den Werkhuizenkaai am Kanal, zwischen dem Jules de Troozsquare und der Van Praetbrug entlang, ist für spätestens April 2004 geplant. Hierdurch entsteht eine schnelle Verbindung zwischen der Esplanade und der Nord-Süd-Verbindung ohne den heutigen Umweg über den Verboekhovenplein.

Neben diesen Absprachen gibt es in dem Plan auch Vorschläge, die erst noch durch Studien überprüft werden müssen. So wird vorgeschlagen, im Osten der Stadt durch den Bau einer Straßenbahnverbindung zwischen Wienerplein, der derzeitigen Endhaltestelle der Linie 94, über den Vorstlaan (über U-Bahnstation Herrmann Debroux) und den Woluwelaan bis zur U-Bahnstation Roodebeek, eine Ringlinie zu realisieren. Diese neue Linie kreuzt in der Nähe des Straßenbahnmuseums Woluwe den Tervurenlaan und die Linien 39 und 44. Der erste Teile dieser Verbindung bestand vor einigen Jahren schon einmal. Eine unerwartete Idee ist die Verlängerung der

Brüssel. Die Linie 56 soll im Südwesten der Stadt verlängert werden, wobei die bestehende Strecke durch einige schmale Straßen zum COOVI in Anderlecht aufgegeben wird. 25. Juni 2001 (Luc Koenot).

Brüssel. Die Linie 94 wird von ihrem derzeitigen Endpunkt am Friedhof von Jette nach Houba verlängert. 5. September 2000 (Luc Koenot).

Brüssel. Die Sechsachser 7713 + 7786 fuhren in der ersten Hälfte des Jahres 2001 als Doppeltraktion auf der Linie 3. Churchilllaan, 19. Februar 2001 (Luc Koenot).

Linien 39 und 44 in Richtung Stadt, von Montgomery zum Schumanplein, parallel zur U-Bahnlinie 1A. In den Hauptverkehrszeiten ist die Kapazität der U-Bahn zwischen Montgomery und Schumanplein vollständig unzureichend, während die oberirdischen Gleise bis zur Yzerlaan bereits vorhanden sind.
Schließlich gibt es auch Vorschläge, die Linie 91 in westlicher Richtung von der Stallestraat bis zum Bahnhof Ruisbroek zu verlängern, wobei in der ersten Phase eine Verlängerung über die Stallestraat hinaus bis zur Grenze der Region entstehen soll.
Die großen Änderungen im Liniennetz, welche die MIVB wahrscheinlich schon im September 2002 durchführen will, um der veränderten Nachfrage besser gerecht zu werden, sind nicht Bestandteil des Fünfjahrplanes. Die fünf bestehenden Straßenbahnlinien 56, 81, 90, 91 und 93 werden dann durch vier neue ersetzt. Die Linie 25 wird die Fahrtroute der Linie 90 zwischen Rogier und Buyl übernehmen und anschließend nach Marie-José und später zur Bahnstation Boondael abzweigen.
Die Linie 24 erhält die Strecke Meiser – Buyl – Louiza und stellt damit sowohl eine Verstärkung der Linien 23 und 25 und als auch der Linie 94 dar. Die Linie 51 ersetzt die Linie 52 im Norden und die Linie 91 im Süden. Ab Esplanade wird diese Linie über Verboekhoven (später über die genannte neue Strecke über den Werkhuizenkaai) zur Nord-

Süd-Verbindung fahren und bis Vanderkindere, Globe und die Stallestraat weiterführen, mit einer späteren Verlängerung zum Bahnhof von Ruisbroek. Teile der heutigen Linien 91 und 18 gehört, werden dann von der Linie 97 bedient. Diese wird an der Schleife Sint-Maria beginnen und über den Koningslaan und den Louizaplein zum Jansonplein verkehren, nach dem Bareel van Sint-Gillis abzweigen und anschließend die derzeitige Fahrtroute der Linie 18 über Wielemans und Sint-Denijs nach Dieweg übernehmen. Später gibt es eine Verlängerung zur Bahnstation Sint-Job. Geichzeitig werden die drei bestehenden Straßenbahnlinien verändert.
Die nördliche Endhaltestelle der Linie 18 wird von Houba nach Heizel verlagert. Dabei bleibt die Strecke bis zum Südbahnhof erhalten, während der südlichen Teil zwischen dem Südbahnhof und Dieweg entfällt. Stattdessen übernimmt die Linie 18 die derzeitige Fahrtroute der Linie 56 nach Sint-Niklaas (und später bis Pede). Die Linie 94 wird ab Friedhof von Jette nach Houba verlängert. Die Linie 52 verliert die Strecke Verboekhoven – Esplanade und wird dann bis zum Bahnhof von Schaarbeek verkürzt.
Schließlich wird die Linie fortan ständig auf der Gesamtstrecke die Linie 81 ersetzen. Nach diesen Anpassungen werden die Niederflurwagen auf den Linien 92 und 97 und in den Hauptverkehrszeiten auf der Linie 94 eingesetzt. Bei all diesen Plänen berücksichtigt man die Einführung des regionalen Expressnetzes, auf dem um 2008 in kurzen Abständen schnellfahrende Personenzüge auf bestehenden Eisenbahnlinien in der Region Brüssel verkehren werden. An verschiedenen Stellen entstehen hierdurch neue Umsteigemöglichkeiten zwischen Straßenbahn und Eisenbahn.
Zum ersten Mal in ihrem Bestehen hat die MIVB Versuche mit gekuppelten Straßenbahnwagen durchgeführt. Am 6. Dezember 2000 fuhren die Sechsachser 7713 und 7786 zum ersten Mal mit Fahrgästen und vom 8. Februar bis zum 29. Juni 2001 verkehrten die beiden Wagen täglich auf der Linie 3. Die Testfahrten waren erfolgreich, aber trotzdem sind die Scharfenbergkupplungen an beiden Wagen im Sommer wieder entfernt worden. Ist es das endgültige Ende dieses Experiments?
Die Erneuerung der Sechsachser wurde fortgesetzt. Obwohl Ende Juni 2001 bereits 79 der insgesamt 127 Wagen fertig waren, wird dieses Programm erst in fünf Jahren abgeschlossen sein. Die alten Farben werden jedoch viel schneller verschwinden, denn die Lackierung in den neuen Farben wurde jetzt beschleunigt. Anfang August 2001 fuhren nur noch sieben Vierachser, drei Sechsachser und zwanzig Achtachser in der traditionellen Farbe creme (jaune primerose). Gegen Ende 2001 sollen alle Wagen in den neuen Farben lackiert sein.
Die MIVB sucht nach Möglichkeiten, 61 Achtachser der Reihe 7900 zu modernisieren. Neben der klassischen Instandsetzung der Wagenkästen, der elektrischen Anlage und der Inneneinrichtung, erhalten auch die Motoren eine Grundinstandsetzung. Die PCC-Steu-

Brüssel. Im Mai 2001 wurde erneut eine Anzahl von Vierachsern für die Verschrottung freigegeben. Lambermontlaan, 29. Mai 2001 (Luc Koenot).

erung wird durch Thyristoren ersetzt. An diesem Projekt waren ursprünglich vier und nach der Fusion der ersten beiden noch drei Betriebe interessiert: Adtranz, Bombardier, MGB und die Kölner Straßenbahn KVB. Im Laufe des Monats Mai 2001 wurden wieder acht Vierachser (7004, 7017, 7026, 7031, 7039, 7041, 7057, 7118) zur Verschrottungsfirma an dem Groendreef überführt. Wagen 7076 ging am 3. Juli nach Herzele, wo er als Clubraum für Jugendgruppen eingerichtet wird. Die Wagen 7005 und 7054 werden nach Kanada zu Straßenbahnfreunden in Peterborough und in Collonges transportiert. Wagen 7129 wartet noch auf einen Käufer.
Wichtiger ist jedoch die Nachricht, daß der Betrieb etwa vierzig Niederflurwagen bestellen will. Die 2,30 m breiten Zweirichtungswagen sollen je 180 Fahrgästen befördern. Am 16. Juni 2001 erfolgte die öffentliche Ausschreibung im Anzeiger der Europäischen Gemeinschaft. Die Wagen sollen ab 2004 als Reihe 3000 geliefert werden und auf den Linien 3/23 und 25 verkehren. Sie werden für die genannten Netzerweiterungen benötigt und sollen die ältesten Vierachser ersetzen. Von den 51 noch betriebsfähigen Vierachsern sind inzwischen 35 Wagen älter als 40 Jahre.
Die wenigen Arbeitswagen der MIVB waren auch in diesem Jahr regelmäßig im Einsatz. Es gibt jetzt drei Zweirichtungs-Fahrschulwagen 7019, 7042 und 7052. Im November 2000 kam Triebwagen 7019

Brüssel. Tw 7019 ist einer der drei Zweirichtungs-Fahrschulwagen der MIVB (Kees Pronk).

jedoch erneut in die Werkstatt und wurde in einen Multifunktions-Arbeitswagen umgebaut. Er wird jetzt auch für den Transport von Mülltonnen und Bremssand auf unterirdischen Strecken eingesetzt. Vierachser 7055 wird derzeit auch für diese Aufgaben umgebaut.
Größere Arbeiten an den Gleisen haben an verschiedenen Stellen dafür gesorgt, daß der Betrieb vorübergehend unterbrochen werden mußte. So wurde die Linie 44 wochenlang abends bis zum Abzweig der Linie 39 an dem Alfred Madouxlaan verkürzt, um die Erneuerung der Gleise zwischen diesem Abzweig und Tervuren zu ermöglichen. Für die Erneuerung der Betriebsgleise zwischen dem Betriebshof Elsene und dem Flageyplein mußte die Straßenbahn vom 10. April bis zum 5. Juli 2001 eingleisig verkehren. Anschließend wurden vom 30. Juni bis zum 3. Juli die Linien 81 und 94 umgeleitet, um an der Jules De Troozbrug neue Gleise zu verlegen. Vom 11. bis 26. August wurden für die Erneuerung der Gleise auf dem Sint-Denijsplein die Linien 18 und 52 bis zum Rathaus von Vorst (Brusselsesteenweg) verkürzt. Die Endschleife, wo jahrelang die Linie 19 endete, wurde bei dieser Gelegenheit abgebaut und durch den Einbau eines dritten Gleises ersetzt. Auch in der Koningstraat wurden die Gleise erneuert, wofür sie an drei Wochenenden im August für die Linien 92 und 94 gesperrt werden mußte. Schließlich wurde auch der Verboekhoven-

Brüssel. Die Gleise in der Fonsnylaan sind von der Seite in die Straßenmitte verlegt worden. 20. März 2001 (Luc Koenot).

plein vom 14. bis zum 17. August für die Linien 52, 55, 56, 92 und 93 gesperrt.
Am bemerkenswertesten war die Erneuerung der Gleise in der Fonsnylaan, wo die Straßenbahn jetzt eine eigene Trasse in der Mitte, statt auf der Seite des Südbahnhofs hat. Für die Erneuerung der Kreuzung Fonsnylaan/Verhaegenstraat mußten die Linien 18, 52, 81 und 82 umgeleitet werden.
Linie 19, die seit Ende Mai 1999 bis zum Schweitzerplein verkürzt worden war, konnte ab 12. Dezember 2000 endlich wieder nach Groot-Bijgaarden fahren. Auf dieser Strecke waren die Gleise erneuert worden. Die Erneuerung der Zufahrtsgleise zu den Betriebshöfen wurde abgeschlossen, so daß jetzt überall möglich ist, vorwärts in die Betriebshöfe einzurücken. Den Betriebshöfen Woluwe, Elsene, Molenbeek und Schaarbeek folgte in diesem Jahres der Betriebshof Koningslaan. Zu diesem Zweck wurden in der Koningslaan Doppelgleise und die zugehörigen neuen Weichen auf der Kreuzung mit der Fonsnylaan verlegt. Wegen der Vierachser blieben die Schleife über die Drukkerij- und Belgradostraat und die Verbindung mit der Werkstatt in der Belgradostraat erhalten.
Auch die Erneuerung des Betriebshofes Schaarbeek ist fast abgeschlossen. Im Juli und August 2001 wurde der Betriebshof geschlos-

Antwerpen. An der Endstelle Merksem der Linie 3 arbeitet man fleißig an der Verlängerung nach Keizershoek. Oude Bareel, 21. Juni 2001 (Luc Koenot).

sen, um den neuen Weichenfächer einzubauen. Die Linien 23 und 94 verkehrten vom Betriebshof Elsene aus, während die Vierachser, die im Sommer nicht benötigt werden, in Schaarbeek untergestellt wurden.

Antwerpen

Der Bau der Verlängerung nach Zwijndrecht hat sich verzögert. Die Erweiterung des Straßenbahnnetzes soll jetzt wahrscheinlich in Februar 2002 eröffnet werden. Man arbeitet ebenfalls an der Verlängerung der Linie 3 von Merksem nach Keizershoek, die im Herbst 2002 in Betrieb gehen soll. Von den weiteren Erweiterungen, die sich noch auf dem Reißbrett befinden, ist die Verlängerung der Linien 7 und 15 von Mortsel über die Lierse Steenweg zum Bahnhof Boechout Capenberg am weitesten fortgeschritten. Es wird aber noch bis zum Jahre 2005 dauern, ehe hier Straßenbahnwagen verkehren.
Die Erneuerung der PCC aus den ersten Serien (7000-7060) wird in der Werkstatt Punt aan de Lijn fortgesetzt. Mitte 2001 waren 22 Wagen fertiggestellt. Anfang 2002 werden alle 29, damals mit fahrgastbetätigten Türöffnern usw. ausgerüsteten Wagen, umgebaut sein.
De Lijn wird anschließend noch sechs weitere PCC modernisieren.

Antwerpen. Wegen Gleisbauarbeiten mußten Abschnitte der Linie 12 vorübergehend eingleisig geführt werden. Van Kerckhovenstraat, 21. Juni 2001 (Luc Koenot).

Da die Bremswiderstände aus diesen Fahrzeugen entfernt werden, dürfen sie jetzt auch durch den Scheldetunnel der Premetro fahren. Einige dieser Wagen konnten dadurch Anfang Juli 2001 zur Sail 2001 und zur Tour de France Sonderfahrten zum linken Ufer machen. Die Reihen der PCC-Wagen wurden weiter gelichtet. Neben Wagen 7000, der seit 1999 im Museum steht und den Ende 1999 und Anfang 2000 bereits abgestellten Wagen 7028 und 7030, werden jetzt regelmäßig weitere Wagen abgestellt. Mitte 2001 waren neun Wagen außer Betrieb. Insgesamt sollen von 61 vorhandenen Wagen etwa 24 Wagen ausgemustert werden.

Die Lieferung neuer Niederflurwagen wird planmäßig fortgesetzt. Sie führen jetzt die meisten Fahrten auf den Linien 3 und 15 aus und kommen seit Februar 2001, vor allem an den Wochenenden, auch regelmäßig auf der Linie 8 zum Einsatz. Bei den schon genannten Sonderfahrten für die Sail 2001 und die Tour de France verkehrten die Hermelijnen (so werden die neuen Wagen genannt) auf der Linie 2 zwischen linkem Ufer und dem Jan de Voslei. Die zweite Serie von Niederflurwagen für De Lijn liefert Siemens. Von den 47 bestellten Wagen gehen 30 nach Antwerpen und 17 nach Gent.

Die Gleiserneuerung in der Van Kerckhovenstraat führte das ganze Jahr über zu Behinderungen. Mehrmals mußte der Straßenbahnver-

Antwerpen. Die Leien werden in den kommenden Jahren der Schauplatz umfangreicher Arbeiten sein, bei denen die Straßenbahngleise eine eigene Trasse in Straßenmitte erhalten. Nationale Bank, 3. Juni 2001 (Luc Koenot).

kehr auf der Linie 12 eingleisig geführt werden, ehe die Arbeiten am 22. Juni 2001 abgeschlossen waren. Auf den Linien 10 und 24 wurden die Gleise am Dreieck Stenenbrug erneuert. Dafür mußte hier im März der Verkehr unterbrochen werden. Auch die Brederodestraat, wo die Linien 4, 12 und 24 verkehren, wurde erneuert. Im August 2001 begannen die Arbeiten für die Änderung der Straßenbahnschleife am Astridplein (Centraal Station). Umfassender sind die Pläne die „Leien“ (die Ringstraßen Amerikalei – Britselei – Frankrijklei) zu modernisieren. Nach Abschluß der Arbeiten, die noch im Jahre 2001 beginnen sollen, wird die Straßenbahn nicht mehr an den Außenseiten dieser breiten Alleen fahren, sondern auf einer eigenen Trasse in der Mitte verkehren. Auf dem Bolivarplaats, am südlichen Ende der Amerikalei, wird eine neue Straßenbahnschleife gebaut. Zunächst werden die Linien 12 und 24 hierher umgeleitet und dann nicht mehr durch die Brederodestraat fahren. Auch die Linie 8 ab Lambermontplein wird hierher verlagert werden. In Zukunft werden ab Bolivarplaats Straßenbahnverbindungen zu Neubauvierteln im Südwesten der Stadt gebaut. Bis zum Jahre 1965 war dieser Platz die Endstelle der damaligen Linie 1.

Gent. Die Modernisierung der PCC-Wagen scheint endlich zu beginnen. Gentbrugge, 22. April 2001 (Luc Koenot).

Am 5. Mai 2001 wurde das neue Straßenbahnmuseum Groenenhoek eröffnet. Aus diesem Anlaß fuhren die Museumswagen 6451 und 1660 zweimal nach Eksterlaar und zurück.

Gent

Nach der Verlängerung der Linien 21 und 22 bis zur Zwijnaardebrug im Jahre 2000 wartet man jetzt auf den Bau der neuen Strecke Sint-Pietersstation – Flanders Expo. Sie wird jedoch nicht vor dem Jahre 2004 fertig sein.

Die nächste große Erweiterung soll eine Ost-West-Achse durch die Stadt sein. Der ersten Ast wird eine Verbindung über Dampoort nach Lochristi im Osten mit einem Abzweig vom bestehen Netz an der Zuid. Obwohl mit dem langfristige Plan „De Lijn 2005“ diese Linie bereits in den Investitionsplan aufgenommen wird, scheint eine Inbetriebnahme im Jahre 2006 realistischer zu sein.

Die zwei PCC 6214 und 6219, die im Jahre 1998 zur Modernisierung nach Mittenwalde überführt wurden, sind jetzt regelmäßig in Betrieb. Man wollte ursprünglich die nächsten 20 Exemplare von der Firma BREC in Lot (bei Brüssel) modernisieren lassen. Nachdem man bei BREC für die Wagen 6216 und 6202 fast zwölf Monate benötigte,

Gent. Die Niederflurwagen sind zwar für das gesamte Netz zugelassen, fahren aber nur noch ausnahmsweise auf anderen Linien als der Linie 1/10. Wondelgem, Liefkensstraat, 13. Januar 2001 (Luc Koenot).

entschloß man sich, die übrigen achtzehn Wagen doch nach Mittenwalde zu schicken. Wagen 6210 wurde am 28. Februar 2001 nach Deutschland überführt. Bereits nach vier Monaten konnte der Triebwagen wieder in seinem Heimatort eingesetzt werden. Wagen 6222 ist inzwischen auch zurückgekehrt, während sich die Wagen 6208 und 6220 beim MGB befinden.
Zwölf der vierzehn neuen Niederflurwagen sind inzwischen ausgeliefert worden. Obwohl sie auf dem Gesamtnetz verkehren dürfen, werden sie ausschließlich auf der Linie 1/10 eingesetzt. Als Ausnahme war der Wagen 6301 am 14. Juli anläßlich der Gentse Feesten (Stadtfest) auf der Linie 21/22 im Einsatz. Wegen der Anlieferung der neue Wagen wurden im Betriebshof die Gleise verlängert.

Küstenlinie

Die Küstenlinie ist, wie jedes Jahr, erneut ein großer Erfolg, Das geht auch aus dem Fahrplan für die zwei Sommermonate hervor: Noch nie gab es einen Zehnminutentakt auf der gesamten Linie. Wegen des Erfolges hat man beschlossen, die 32 noch nicht als Achtachser umgebauten Triebwagen von Bombardier mit einem 8,74 m langen Niederflurmittelteil verlängern zu lassen. Dabei erhalten diese Wagen auch eine „Midlife-Modernisierung“. Die ersten zehn Wagen müssen vor dem Sommer 2002 fertig sein. In den Jahren 1994/1996 erhielten

Küstenlinie. In der Innenstadt von Oostende wurden die Gleise erneuert, wobei der Straßenbahnverkehr über einen eingleisigen Abschnitt geführt wurde. Hendrik Serruyslaan, 6. Januar 2001 (Luc Koenot).

sechzehn Wagen bereits ein 7,5 m langes Mittelteil. Im Zentrum von Oostende wurden die Gleise erneuert. Dabei mußte der Straßenbahnverkehr regelmäßig eingleisig durchgeführt werden. Die Schleife durch die Karel Janssenslaan und die IJzerstraat (in der Nähe des Marie-Joséplein) entfiel. Wegen der Gleisbauarbeiten mußte man in den Wintermonaten auch in Koksijde einige Zeit eingleisig fahren.

Charleroi

Der im September 1999 eingeführte Einsatzwagen für die Hauptverkehrszeiten von Anderlues nach Gilly, mit Abfahrt in Anderlues um 7.27 Uhr hat die Liniennummer 84. Ende Juni 2001 wurde endlich die ersten Fahrtzielangaben angepaßt, so daß die Linie 84 jetzt wirklich angezeigt wird. Allerdings kommt diese Linie nur an Schultagen einmal täglich zum Einsatz. Wagen 7411 wurde Ende Mai 2001 wieder in Betrieb genommen. Von den 50 Sechsachsern sind jetzt 37 betriebsfähig.
Durch einen Streik verkehrten vom 25. September bis zum 30. Oktober 2000 keine Straßenbahnen.

Luxemburg

Vom Schnellbahnprojekt hört man nichts mehr. Es scheint, als ob das Vorhaben eines sanften Todes gestorben ist.

Norddeutschland

Bremen

Am 24. März 2001 ist gleichzeitig mit dem Sommerfahrplan die neue Strecke durch die Weserstrasse in der Bremer Neustadt feierlich in Betrieb genommen worden. Seitdem befahren die Linien 5 und 8 diese 600 m lange Verbindung, die es bis 1965 schon einmal gab. Die Strecke war übrigens im Januar und Februar wegen Bauarbeiten bereits genutzt worden. Die Linie 5 hat jetzt folgenden Streckenverlauf: Huckelriede – Westerstraße – Am Brill – Hauptbahnhof – Kulenkampfallee. Linie 8 verläuft Huchting – Westerstraße – Domsheide – Hauptbahnhof – Kulenkampfallee.
Am folgenden Tag, dem 25. März, feierte der Straßenbahnbetrieb seine 150. Jubiläum mit einer Fahrzeugschau im Betriebshof Gröpelingen und einer großen Straßenbahnparade durch die Innenstadt. Der älteste Teilnehmer war eine fast 100 Jahre alte Pferdebahn aus Köln. Gerade rechtzeitig zu den Feierlichkeiten konnte die Restaurierung des Zweiachsers 701, eines Vertreters der ersten Nachkriegsneubauserie von 1947, abgeschlossen werden.

Bremen. Das 125-jährige Bestehen der Straßenbahn wurde mit einer Parade und einer Fahrzeugausstellung beim Betriebshof Gröpelingen gefeiert. 25. März 2001 (Karel Hoorn).

Bremen. Gerade rechtzeitig zur Feier war der Triebwagens 701 aufgearbeitet worden. Hauptbahnhof, 25. März 2001 (René van Lier).

Die Stadtwerke haben im Februar 2001 die Pläne für die Regionalstadtbahn nach Nordenham präsentiert. Die Baukosten für eine Verbindung zwischen dem Straßenbahn- und dem Eisenbahnnetz werden auf 20 Millionen DM, die für zwölf neue Haltestellen auf 10 Millionen DM veranschlagt. Für den Betrieb braucht man achtzehn Zweisystem-Fahrzeuge. Wenn die Politik, die den Vorschlag befürwortet, schnell die nötigen Beschlüsse faßt, könnte die Stadtbahn bereits 2004 eröffnet werden. Um diese Pläne anschaulicher zu machen, fuhren im Oktober 2000 zwei Stadtbahnwagen aus Karlsruhe einige Tage von Bremen nach Nordenham und Oldenburg. Nachdem man bereits einige vorbereitende Arbeiten durchgeführt hatte, begann im Juli 2001 der Bau der Verlängerung der Linie 4 von Horn-Lehe nach Borgfeld. Die 3,5 km lange Strecke wird zum Winterfahrplan 2002/2003 in Betrieb genommen. Die Verlängerung der Linien 1 und 8 in Huchting, teilweise über die Strecke der Bremen-Thedinghauser Eisenbahn, ist jetzt für das Jahr 2005 vorgesehen. Im Oktober 2000 zeigte der Verkehrsbetrieb bei einem Bahnhofsfest in Leeste schon einen Niederflurwagen.
Durch all diese Betriebserweiterungen ist die Beschaffung von neuem Fahrzeugmaterial nicht mehr zu umgehen. Auch die Wegmann-Wagen aus der Mitte der siebziger Jahre müssen allmählich ersetzt werden. Ein erster Wagen wurde bereits nach einem Unfall abge-

Bremen. Die neue Strecke für die Linien 5 und 8 durch die Westerstraße wurde zum Sommerfahrplan in Betrieb genommen. 24. März 2001 (René van Lier).

Hannover. Durch den Verkauf einer großen Anzahl von Stadtbahnwagen geht die Zahl der grünen Wagen auf der Straße allmählich zurück. Döhren, Peinerstraße. 3. Juli 2001 (Bert Gortemaker).

stellt. In Kürze wird der Verkehrsbetrieb darum 42 Niederflurwagen mit einer Breite von 2,65 m bestellen, deren Lieferung zwischen 2004 und 2009 vorgesehen ist.
Der Hansa-Gelenkwagen 445 hat sein buntes Äußeres als Kultourbahn verloren und erhielt sein ursprüngliches Aussehen zurück. Obwohl er ein Museumswagen ist, wird er bei Bedarf eingesetzt. Der dazugehörige Beiwagen 1458 hat einen speziellen Stromabnehmer erhalten, mit dem im Winter die Fahrleitungen unter Verwendung von Glyzerin gegen Eisregen geschützt werden.

Bremerhaven
Eine Studie im Auftrag der Kommune ergab, daß durch die Wiedereinführung der Straßenbahn die Qualität des öffentlichen Nahverkehrs am effektivsten verbessert werden kann. Es wird empfohlen, ein Netz von drei Linien mit einer Gesamtlänge von 27 km zu bauen. Ein Problem ist, daß die Kommune keine Straßenbahn in der Fußgängerzone im Zentrum haben will, obwohl die Straßenbahn hier bis 1982 problemlos verkehrte. Es gibt dazu auch noch keine Beschlüsse.

Hamburg
Obwohl Pläne für die Wiedereinführung der Straßenbahn erst vor wenigen Jahren scheiterten, arbeitet man schon wieder an einem neuen Plan. Im August 2001 begann das Planfeststellungsverfahren für eine 12 km lange Verbindung zwischen dem Hauptbahnhof und Steilshoop, vorbei an dem großen Büroviertel City-Nord. Vorgesehen ist der Einsatz von 2,65 m breiten Niederflurwagen. Letztendlich soll ein Straßenbahnnetz von 40 km entstehen. Das Stadtparlament hat bereits damit begonnen den Einwohnern der Stadt die Vorteile einer Straßenbahn näherzubringen.

Hannover
Die Stadt und die Üstra haben die EXPO 2000 hinter sich gebracht. Beide haben das Spektakel gut überstanden, wohl auch, weil die vorhergesagten enormen Besucherzahlen nicht erreicht wurden. Schon einige Wochen nach der Eröffnung am 1. Juni 2000 zeigte sich, daß die vorgesehene Zahl von 40 Millionen Besuchern zu hoch gegriffen war. Schließlich waren es etwa 18 Millionen, wobei der Andrang in den letzten Wochen enorm anwuchs. Am allerletzten Tag, dem 31. Oktober 2000, mußte die Üstra sogar einen nächtlichen Verkehr improvisieren, um alle Besucher nach Hause zu bringen. Insgesamt fuhren 8,5 Millionen EXPO-Besucher mit Bus und Bahn; ausgegangen war man von 18 Millionen. Die Kostendeckung der Üstra stieg hierdurch um 74 %, ein auch im internationalen Vergleich gutes Ergebnis.
Der erweiterte Fahrplan wurde schon bald nach Beginn der EXPO stark reduziert. Die speziellen Linien 14, 16 und 18 verkehrten nur

noch wenige Stunden täglich. Die Vierwagenzüge wurden durch Drei- oder Zweiwagenzüge ersetzt. Die Linie 11 Zoo – EXPO/Ost wurde bis auf die Strecke Zoo, Freundallee verkürzt. Nach Beendigung der EXPO wurde auch der sogenannte Y-Verkehr auf der Linie 6, bei dem die Wagen von und nach Nordhafen und Haltenhoffstraße an der Haltestelle Strangriede getrennt bzw. gekuppelt wurden, eingestellt. Dieses Verfahren erwies sich als sehr störanfällig, da regelmäßig Autos zwischen den zwei Wagen standen. Im November 2000 gab es darum wieder zwei Linien: Linie 6 von der Haltenhoffstraße zur Messe-Ost (bis Ende Oktober 2000 EXPO/Ost) und Linie 11 vom Nordhafen zum Zoo, da nach Beendigung der EXPO die Liniennummer 11 wieder frei geworden war. Auf den Linien 1 und 2 nach Laatzen/Sarstedt und Rethen wurde der Y-Verkehr wieder eingeführt. Die Haltestelle Bahnhof Laatzen/Eichstraße, wo die Wagen gekuppelt werden, liegt auf eigener Trasse, so daß Autofahrer nicht stören.
Im Januar 2001 begannen die vorbereitenden Arbeiten für die Verlängerung der Linie 5 von Kirchrode nach Anderten. Im Juli wurden die ersten Gleisjoche verlegt. Die 1,2 km lange Strecke erhält einen Zwischenhalt am Königsberger Ring und wird Ende 2002 in Betrieb genommen. Die nächste Erweiterung wird die 4,5 km lange Strecke Lahe – Altwarmbüchen (Linie 9) mit einem 1,5 km langen Ast nach Misburg-Nord (Linie 3) sein. Man will 2003 mit dem Bau zu beginnen und die Arbeiten 2005 beenden.
Ais Vorbereitung darauf wird die Linie 3 in den kommenden Jahren für den Einsatz von Wagen aus den Serien 2000-2500 angepaßt. Die Gleise müssen an einigen Stellen weiter auseinander gerückt werden, wodurch in der Podbielskistraße eine Spur für den Straßenverkehr und eine Anzahl von Parkplätzen entfallen. Man erwartet eine Bürgerinitiative gegen die Pläne.
Während der Computermesse CEBIT im März verkehrten die üblichen Vierwagenzüge. Als Besonderheit war auf der Linie 18 auch der vierachsige Breitraumwagen 478 von 1956 im Einsatz. Auch während der Industriemesse im April verkehrte dieser Museumswagen. Dieser bemerkenswerte Einsatz war nötig geworden, weil nach Beendigung der EXPO eine große Zahl von Stadtbahnwagen aus der Reihe 6000 abgestellt worden war. Die älteste Reihe Stadtbahnwagen 6001 bis 6100 (Düwag 1975 bis 1978) ist jetzt fast komplett abgestellt worden. Wegen des drohenden Wagenmangels, erhalten 20 Wagen wahrscheinlich eine neue Revision, um sie wieder einige Jahre einsetzen zu können.
Der Erstling 6001 soll möglicherweise in einen Partywagen umgebaut werden. 70 dieser Wagen wurden zum Verkauf angeboten. Bekanntlich sind beiden Triebwagen 6016 und 6021 von der niederländischen HTM gekauft worden. 6021 ist in Den Haag umgebaut worden, 6016 in Hannover. Am 5. Februar 2001 wurde dieser Wagen in die Niederlande überführt.

Hannover. Die ersten Stadtbahnwagen der Reihe 6000 sind im Sommer 2001 in Budapest eingetroffen. 30. August 2001 (Kees Pronk).

Pläne zu Beschaffung weiterer Wagen zerschlugen sich, als am 4. April 2001 die übrigen 68 Wagen über den Zwischenhändler Ferrostaal in Essen (früher Produzent von Fahrzeugen für Grubenbahnen) nach Budapest verkauft wurden. Dort ersetzt dieses 25 Jahre alten Wagen Straßenbahnen, die doppelt so alt sind. An den Wagen werden in Hannover kleinere Umbauten durchgeführt. Dabei werden die Klappfenster durch große Schiebefenster ersetzt und sie erhalten einen gelben Lack. Im Juli 2001 gingen die ersten Wagen nach Ungarn. Es ist vorgesehen, jede Woche zwei Wagen per LKW zu überführen.

Um sich auf die zukünftigen Ausschreibungen von Beförderungsleistungen vor zu bereiten, hat die Üstra mit der DB-Regio und einer Bank ein Tochterunternehmen gegründet. Es wird Beförderungsleistungen (Stadtbahn, Bus und S-Bahn) im Raum Hannover erbringen und auch anderswo bei Ausschreibungen mitbieten. Ähnliche Unternehmen entstehen derzeit im Rhein-Neckar-Gebiet (um Mannheim) und in München.

Braunschweig. Beim Verlegen neuer Gleise in der Gliesmaroder Straße wurde keine dritte Schiene mit eingebaut, wie das auf einigen anderen Strecken erfolgt ist. 2. Juli 2001 (Bert Gortemaker).

Braunschweig. Die neue Überdachung vor dem Hauptbahnhof ergibt ein überraschendes Spiel von Licht und Schatten. 2. Juli 2001 (Bert Gortemaker).

Braunschweig
Im August 2001 wurde das Liniennetz bedeutend verändert. Das System der sogenannten „Twinlines“ wurde so erweitert, daß werktags alle Äste des Netzes von zwei Linien bedient werden. Jede Linie fährt tagsüber alle 20 Minuten, so daß jeder Ast dann einen 10-Minutentakt hat. Die Linien 1 bis 4 und 6 verkehren nur montags bis samstags. Die Linien 5, 7, 8 und 9 (eine neue Liniennummer für die Verbindung Radeklint – Krematorium) verkehren die ganze Woche über. Die besonderen Nachtlinien wurden eingestellt. Stattdessen verkehren die Linien 5, 7 und 8 jetzt bis 2.00 Uhr nachts.
Wagen 0051 (der mit einem Niederflurteil verlängerte Sechsachser 7762 von 1977) bewährt sich gut. Allerdings bemängeln Rollstuhlfahrer das Fehlen einer Rampe, die nun möglicherweise nachträglich eingebaut wird.
Für den Umbau weiterer Wagen gibt es noch keine Entscheidung. Das hängt wohl davon ab, wie schnell die Pläne für eine Verbindung von Straßenbahn und Eisenbahn (die wie in Bremen, Regionalstadtbahn heißen soll) realisiert werden. Wenn das kurzfristig geschieht, müssen sehr schnell neue Fahrzeuge für 1435 mm Spurweite bestellt werden. Größere Umbauten an älteren Wagen, die auf 1100 mm Spurweite verkehren, würden sich dann nicht mehr lohnen.
Schleifwagen 415 ist Ende 2000 an einen Straßenbahnhändler in Salzgitter verkauft worden, der das Fahrzeug als Blickfang auf seinem Gelände aufstellen will. Der Wagen wurde bereits seit Jahren nicht mehr benutzt.

Kassel
Die ersten Probefahrten auf der verlängerten Lossetalbahn nach Helsa fanden im Februar 2001 statt. Am 8. Juni 2001 erfolgte die offizielle Eröffnung dieser Strecke. Zwei Tage später begann der normale Verkehr. Im Oktober 1998 waren die Linien 4 und 8 bereits von Lindenberg zur Papierfabrik Kaufungen verlängert worden. Diese Linie wird nächstes Jahr noch einmal nach Hessisch Lichtenau verlängert. Auf der neuen Strecke, einer Eisenbahnlinie, auf der noch immer Güterverkehr durchgeführt wird, dürfen nur die neuen Zweirichtungswagen der Reihe 631 bis 635 verkehren. Auch Schleifwagen 317 darf hier nach einem Umbau (auffälligstes Element: zwei Scheinwerfer) verkehren.
In Zusammenhang mit der Verlängerung ist der neue Betriebshof Sandershäuser Straße im Osten der Stadt in Betrieb genommen worden. Ebenfalls zum 10. Juni 2001 sind auf der Eisenbahnverbindung Kassel Hauptbahnhof – Hofgeismar – Warburg sechs Straßenbahnwagen der Stadtbahn Saar als erster Schritt für die zukünftige RegioTram in Betrieb gegangen. Nur in den Hauptverkehrszeiten verkehrt noch ein Zug. Die Straßenbahnen wurden von der Regionalbahn Kassel angemietet, einem Tochterunternehmen

Kassel. Auf der neuen Strecke der Lossetalbahn hat die Straßenbahn besondere Gleise erhalten, damit sie näher an die Haltestellen heranfahren kann. Niederkaufungen Bahnhof, 18. Juni 2001 (Bert Gortemaker).

Kassel. Bombardier lieferte die ersten Niederflurwagen in Zweirichtungsausführung. Holländische Straße, 13. Mai 2001 (Wim van der Ent).

Kassel. Die Regiobahn startet mit sechs gemieteten Schnellstraßenbahnwagen aus Saarbrücken. Grebenstein, 9. September 2001 (Frits van der Gragt).

der Städtischen Verkehrsbetriebe, welche sie wiederum an den Betriebsführer Deutsche Bahn vermietet. Das wurde nur durch Tatkraft des Verkehrsministers des Landes Hessen Wirklichkeit. Die KVG war nicht bereit, in die Regio-Tram zu investieren, für die es in einigen Jahren eine europaweite Ausschreibung geben wird. Auf Initiative des Ministers wurde vereinbart, die KVG zu entschädigen, wenn die Regio-Tram dann in die Hände eines anderen Betriebes kommen sollte.

Es ist vorgesehen, daß die Fahrten auf einigen Regionaleisenbahnen 2004 oder 2005 bis in die Innenstadt von Kassel verlängert werden. Für diese Zwecke sollen achtzehn Zweisystemfahrzeuge beschafft werden, darunter möglicherweise auch ein paar Wagen mit Dieselantrieb für den Einsatz auf der nicht elektrifizierten Strecke nach Wolfhagen. Es ist noch nicht klar, auf welcher Strecke die Straßenbahnen zur Innenstadt fahren werden und wo sie dort verkehren werden. Es gibt drei Varianten, wobei auf jeden Fall der kurze und vernachlässigte Straßenbahntunnel vor dem Hauptbahnhof entfällt.

Dann wird möglicherweise auch das Straßenbahnnetz erweitert. Die nördlich von Kassel gelegene Gemeinde Vellmar strebt einen Anschluß durch eine Verlängerung ab der Endstelle Holländische Straße an. Der Bau der 4,5 km langen Strecke könnte 2004 oder 2005 beendet werden.

Die Straßenbahn fährt weiterhin durch die Fußgängerzone in der

Königstraße. Einige Ladenbesitzern sind die derzeit 72 Bahnen pro Stunde zuviel, aber der Stadtrat faßte im Mai 2001 mit großer Mehrheit den Beschluß die Straßenbahn hier zu belassen.
Von Bombardier wurden fünf Zweirichtungswagen 631 bis 635 ausgeliefert. Diese Wagen sind die Zweirichtungsvariante der 1999 und 2000 gelieferten 601 bis 622. Eine zweite Serie von fünf Wagen soll 2003 folgen und für weitere fünf Wagen gibt es eine Option.

Bielefeld. Die vierachsigen Zwischenwagen verkehren auf der stark befahrenen Linie 4 zur Universität. 5. Juli 2001 (Bert Gortemaker).

Bielefeld

Die endgültige Haltestelle Universität der Linie 4 wurde im Oktober 2001 in Betrieb genommen. Diese ersetzt die bisherige provisorische eingleisige Haltestelle. Die neue hat einen Mittelbahnsteig und zwei Kehrgleise. Sie ist zugleich der erste Schritt für die Weiterführung der Straßenbahnlinie zum Wohnviertel Lohmannshof im Herbst 2002. Auch die östliche Endhaltestelle Milse der Linie 2 wird umgebaut. Die Kehrschleife von 1978 wird hier zugunsten eines Mittelbahnsteigs mit zwei Kopfgleisen aufgegeben. Das Ziel ist es, einerseits die Anzahl der P&R-Plätze von 65 auf 150 zu erhöhen. Andererseits stellen die Kopfgleise den Anfang einer zukünftigen Verlängerung nach Milse-Ost dar. Die Abteilung Verkehr der Stadtwerke hat seit dem Frühling 2001 den neuen Namen „moBiel“. Ein großer Teil der Fahrzeuge erhielt bereits das neue Logo.

Dortmund

In der Nacht vom 10. zum 11. März 2001 endete nach fast 74 Jahren der Straßenbahnverkehr nach Hombruch. Die Linie 408 wurde bis zur Haltestelle Harkortstraße verkürzt, um den Umbau zu einer Endstelle für die künftige Stadtbahnlinie U42 zu ermöglichen. Diese Linie wird ab Mai 2002 von der heutigen Endstelle Barop nach Hombruch weitergeführt. Die Verkürzung ermöglichte die vom Verkehrsbetrieb schon seit Jahren geplante Außerdienststellung der letzten beiden GT8-Wagen. Wagen 13 machte am 30. April 2001 seine letzte Fahrt und wurde mit Blumen verabschiedet. Wer diese Wagen jetzt noch im normalen Betrieb sehen möchte, muß in das rumänische Resita reisen.
Die Modernisierung der Strecke Brechten – Brambauer läuft. Die eingleisige im Seitenstreifen gelegene Strecke erhält teilweise eine eigene Trasse. Am Endpunkt Brambauer Verkehrshof, der ein wenig hinter Häusern versteckt liegt, entsteht ein hoher Mittelbahnsteig.
Die Stadtwerke planen, noch einmal sechs sechsachsige Stadtbahn B-Wagen zu bestellen. Diese Erweiterung des Bestandes an Stadtbahnwagen wird mit der Eröffnung der Linie U42 nach Hombruch notwendig. Insgesamt verfügt der Betrieb nach Auslieferung der neuen Bestellung dann über 70 Stadtbahn B-Wagen (49 Sechsachser und 21 Achtachser). Auf dem Straßenbahnnetz verkehren nur noch Stadtbahn N-Wagen. Über eine Bestellung von Niederflurwagen für die Ost-West-Strecke gibt es keine Neuigkeiten.

Bochum und Gelsenkirchen

Im Mai 2001 sind die Gleise der Linie 306 am Rathaus im Zentrum Bochums verlagert worden, um für die künftige Tunneleinfahrt dieser Linie Platz zu machen. Damit ist ihr Fortbestehen sichergestellt. Am anderen Ende dieser Strecke in Wanne-Eickel hat die Straßenbahn die Möglichkeit zur Beeinflussung der Verkehrsampeln erhalten, was in Deutschland noch immer nicht selbstverständlich ist.
Auf der Strecke von Gelsenkirchen zum Parkstadion und zur neuen „Arena“ wird in den kommenden Jahren die Stromversorgung verbessert. Es wird dadurch möglich, bei großen Fußballspielen Niederflurwagen in Doppeltraktion verkehren zu lassen. Jetzt ist das nicht möglich und es entstehen große Behinderungen an der Tunneleinfahrt im Zentrum der Stadt. Im normalen Betrieb ist es nicht vorgesehen, in Doppeltraktion zu fahren. Die Gleisanlagen am Stadion fungieren derzeit als Freiabstellfläche. Auch in den Tunnels werden vorübergehend Wagen abgestellt. Der Betriebshof Gelsenkirchen wurde 2000 abgetragen, um Platz für eine neue Anlage zu schaffen, die im Frühjahr 2003 in Betrieb gehen soll.
Die Linie 301 wird in Horst zur Haltestelle Buerer Straße verkürzt, wo die endgültige Endstelle der am 30. September 2001 verlängerten Linie U17 entstehen soll. Mit der Aufhebung der heutigen End-

Gelsenkirchen. Die Endstelle der Linie 301 in Horst wird mit der Einführung der Stadtbahnlinie U17 aus Essen aufgegeben. Bottroper Straße, 11. Mai 2001 (MT).

Bochum. Schleifwagen 677 bleibt weiter im Einsatz, nachdem man die Pläne aufgegeben hat, einen Stadtbahn M-Wagen umzubauen. Dorstener Straße, 19. Juli 2000 (BS).

stelle der Linie 301 am Anfang der Bottroper Straße verschwindet das letzte Stück Gleis auf der Strecke der ehemaligen Straßenbahnlinie 17 der Vestischen Straßenbahnen nach Bottrop.
Der Plan, einen Stadtbahn M-Wagen in einen Schleifwagen umzubauen, wurde aufgegeben. Der heutige Schleifwagen 677 (1985 aus einem Sechsachser von 1957 entstanden) kann wird noch weiter genutzt. Fahrschulwagen 620 ist wieder klassisch creme mit einem grünen Streifen lackiert worden.

Essen

Die letzten Exemplare der nach Arad (Rumänien) verkauften Einrichtungswagen der Reihe 1851 wurden im Frühling 2001 noch in den Hauptverkehrszeiten eingesetzt. Nachdem alle Wagen aus den sechziger Jahren ausgesondert wurden, kommt jetzt die nächste Generation an die Reihe. Nach der im letzten Jahr gemeldeten Verschrottung der ersten Stadtbahn M-Wagen, hat der Verkehrsbetrieb anschließend über einen Zwischenhändler und über Internet zehn dieser Wagen zum Verkauf angeboten. Es handelt sich um die ältesten Wagen dieses Typs aus den Jahren 1975 bis 1976 (Reihe 1001-1020). Durch die inzwischen fast abgeschlossene Auslieferung der Niederflurwagen aus der Reihe 1501-1534 konnten sie abgestellt werden. Die Neuen verkehren jetzt auf den Linien 103, 105 und 109. Wie die Linie 109 in Zukunft verläuft, ob oberirdisch durch die Stadtmitte oder doch durch den Straßenbahntunnel, ist noch immer unklar.

Essen. Die ältesten Stadtbahn M-Wagen wurden zum Verkauf freigegeben. Karolinger Straße, 11. Mai 2001 (MT).

Mülheim. Wegen Wagenmangels mietet der Verkehrsbetrieb noch immer vier Stadtbahn M-Wagen von Essen. Aktienstraße, 7. Juni 2000 (BS).

Mülheim. Der Einsatz von Einrichtungswagen ist fast Vergangenheit. Es werden nur noch zwei klassische Sechsachser eingesetzt. Styrum Bahnhof, 14. August 2000 (MT).

Mülheim. Die Linie 102 erhielt in Dümpten eine neue, zweigleisige Endstelle, die fast so eng bemessen ist wie die ehemalige eingleisige Endhaltestelle Möllhofstraße. Oberdümpten, 11. Mai 2001 (MT).

Am 22. November 2000 erhielt die Linie 102 an der Nordseite eine neue Endstelle. Die beengte eingleisige Endhaltestelle Möllhofstraße mußte einer ähnlich beengten neuen doppelgleisigen Endstelle mit Mittelbahnsteig weichen, der den Namen Oberdümpten trägt. Dabei handelt es sich um keine wirkliche Verlängerung, denn die neue Endstelle liegt direkt neben der alten.

Duisburg

Am 23. September 2000 ist der 3,7 km lange Tunnel unter der Ruhr von Duissern nach Meiderich dem Betrieb übergeben worden. Die Fahrzeit vom Norden der Stadt zum Zentrum ist dadurch um 10 Minuten kürzer als über die alte Strecke. Außerdem hält die Straßenbahn jetzt (unterirdisch) in der Nähe der Bahn- und Busstation von Meiderich, statt einige hundert Meter davon entfernt. Der Verkehr wurde erweitert, denn neben der Linie 903 nach Walsum und Dinslaken fährt jetzt die Hälfte der Einsätze auf der Linie U79 von Duissern weiter nach Meiderich. Auch verkehrt montags bis freitags eine neue Linie 902 von Walsum über Meiderich nach Stadtmitte. Die Linie 903 fährt sechsmal in der Stunde. Die Linien U79 (ab Duissern) und 902 verkehren dreimal pro Stunde. Wegen der neuen Streckenführung mußte die Eisenbahnstrecke zwischen Meiderich und Mülheim-Styrum eingestellt werden. Die neue Tunnelausfahrt liegt genau an der Stelle der früheren Bahnlinie. Die

Duisburg. Die Einfahrt zum neuen Straßenbahntunnel am Bahnhof Meiderich. 10. Mai 2001 (MT).

Duisburg. Die unterirdische Straßenbahnstation Meiderich ist mit Abbildungen verschiedener Rheinbrücken ausgestaltet. 10. Mai 2001 (MT).

Tunnelausfahrt bleibt jedoch nur vorübergehend, denn im April 2001 hat die Landesregierung den Beschluß gefaßt, die nördliche Verlängerung der Tunnelstrecke mit 155 Millionen Mark zu unterstützen. Diese Verlängerung von Meiderich zur Neumühler Straße wird mehr als 1,6 km lang und erhält eine Haltestelle.
Aus den Stadtbahnwagen 4715-4718 sind die Küchen- und Speiseabteile entfernt worden. Damit wird der Einsatz der Speisewagen auf der Linie U79 (früher Linie D) zwischen Duisburg und Düsseldorf beendet. Das 1950 eingeführte Speisenangebot war bereits im Juli 1998 beendet worden, weil kein Interessent den erfolglosen Betrieb übernehmen wollte.
Die Verkehrsbetriebe von Düsseldorf und Duisburg haben angekündigt, daß sie u.a. bei der Beschaffung und der Unterhaltung von Fahrzeugen intensiver zusammenarbeiten werden. Eine vollständige Fusion, wie zwischen den Betrieben von Köln und Bonn ist nicht vorgesehen.

Düsseldorf
Ende Juli 2000 hat Siemens an die Rheinbahn den ersten Niederflurwagen des Typs NF10 ausgeliefert. Es kommen 36 dieser fast 40 m langen und 2,40 breiten Wagen (2001-2036). Diese siebenteiligen Wagen, die vom Combino abgeleitet worden sind, haben fast über ihre gesamte Länge einen Niederflurbereich. An beiden enden sind die Straßenbahnen mit auffällig hervorstehenden Abdeckungen versehen, hinter denen sich Drehgestelle mit kleinen Laufrädern befinden. Die Lieferung hat sich erheblich verzögert, denn der erste Wagen hätte bereits im Herbst 1999 ankommen sollen. Wie so oft gab es viele Kinderkrankheiten, vor allem mit der Elektronik für das Anfahren und Bremsen. In der örtlichen Presse wurde das auffällige Äußere diskutiert, das nicht jedem gefiel. Das war jedoch kein Hindernis, daß die ersten Wagen Ende Dezember 2000 dem Betrieb auf der Linie 701 zu übergeben. Später folgte der Einsatz auf der Linie 703. Ende August 2001 wurde eine Nachfolgeserie von fünfzehn fünfteiligen, dreißig Meter langen Wagen bestellt, die als NF8 bezeichnet werden.
Nicht nur die neuen Wagen sorgten für Probleme. Nachdem im August 2000 ein GT8SU-Wagen durch Achsbruch entgleist war, wurden alle 38 Wagen dieses Typs (die Reihen 3100 und 3200) abgestellt. Erst nach monatelanger Untersuchung fand man Haarrisse in den Achsen als Ursache. Man beschloß die Achsen in den Antriebsdrehgestellen durch eine verstärkte Ausführug zu ersetzen. Erst im April 2001 konnten die ersten Wagen wieder auf der Linie U75 eingesetzt werden. Zuvor hatte die Rheinbahn für die U-Bahnstrecken nur die 104 Stadtbahn B-Wagen zur Verfügung, die dadurch oft statt in Doppeltraktion als Einzelwagen verkehren mußten. Übrigens erlitt B-Wagen 4001 im August 2001 bei einer Entgleisung im Tunnel unter dem Hauptbahnhof einen Totalschaden.

Düsseldorf. Die neuen Niederflurwagen fahren u.a. auf der Linie 701. Benrath, Hildener Straße, 10. Mai 2001 (MT).

Düsseldorf. Die klassische Kombination eines Einrichtungswagen mit Anhänger wird trotz der Einführung von Niederflurwagen noch längere Zeit vorhanden sein. Benrath, Hildener Straße, 10. Mai 2001 (MT).

Düsseldorf. Die GT8SU-Wagen waren längere Zeit wegen Achsproblemen abgestellt worden. Betriebshof Lierenfeld, 17. September 2000 (BS).

Weil alle Stadtbahnwagen auf den Tunnelstrecken eingesetzt waren, ergab sich auch auf den Straßenbahnlinien ein Wagenmangel. Auch hier wurden viele Fahrten statt in Doppeltraktion mit Solowagen durchgeführt. Es scheint das Problem mit den Achsen auch bei den GT8S-Wagen (Reihe 3000), den Wagen ohne Klappstufen für den Einsatz auf Tunnelstrecken, zu geben. Weil diese Wagen leichter sind und nur auf der Straße verkehren, schätzt man das Risiko als vertretbar ein und sie erhalten keine neuen Achsen.

Im Januar 2001 haben in der Bergischen Landstraße die Arbeiten für die Verlängerung von Auf-der-Hardt zum Krankenhaus Gerresheim begonnen. Diese kurze Verlängerung der Linie 709 und/oder 713, die jetzt auf dem Staufenplatz enden, soll im Sommer 2002 eingeweiht werden. Der Stadtbahntunnel in Oberbilk ist fast fertiggestellt. Zur Zeit erhalten die beiden Haltestellen Oberbilk S und Oberbilker Markt den letzten Schliff. Der Tunnel wird im Mai 2002, acht Monate später als geplant, in Betrieb genommen.

Im Rahmen des großen Planes für den öffentlichen Nahverkehr von Nordrhein-Westfalen erhält Düsseldorf Mittel für zwei große Projekte. Die Landesregierung beteiligt sich mit 640 Millionen Mark für den Bau des Stadtbahntunnels der Wehrhahnlinie, der insgesamt 1,3 Milliarden Mark kostet.

Dieser Tunnel unter der Innenstadt zwischen den S-Bahnstationen Bilk im Süden und Wehrhahn im Norden der Stadt steht seit dem politischen Machtwechsel im September 2000 wieder in der Diskussion. Jetzt soll der Tunnel unter der Elisabethstraße verlaufen, während frühere Plänen die parallel verlaufende Friedrichstraße vorsahen. Die neu gewählte Trasse ermöglicht den Bau von Tunnelausfahrten nördlich nahe der S-Bahnstation. Der Tunnel wird für den Einsatz von Niederflurwagen geeignet sein.
Weiter gibt die Landesregierung einen Beitrag von 97 Millionen Mark für den Bau einer Verbindung zwischen dem Reeser Platz und der Messe. Dieser Beitrag ist bestimmt für eine oberirdische Verbindung. Da die Stadt beschlossen hat, einen Teil dieser mehr als 2,5 km langen Strecke in einen Tunnel zu verlegen, muß sie die Mehrkosten dafür selber tragen.
Die Landesregierung wird kein Geld für die Verlagerung der Straßenbahn aus der Fußgängerpromenade von Neuss in eine Parallelstraße bereitstellen, was von der Gemeinde schon seit Jahren gefordert wird. Aus dem Verkehrsministerium von Nordrhein-Westfalen verlautet dazu, daß diese Maßnahme nicht zu einer spürbaren Verbesserung des öffentlichen Verkehrs führen würde und daher nicht unterstützt werden könne.

Düsseldorf. Einige Stadtbahn B-Wagen haben eine neue Lackierung erhalten. Fischeln, 29. Oktober 2000 (Wouter van Beek).

Abschließend sei das 125. Jubiläum der Straßenbahn erwähnt, daß im gesamten Jahr 2001 mit einer großen Anzahl von Aktivitäten begangen wurde.

Krefeld

Nachdem durch einige Unfälle im Jahre 2000 ein Wagenmangel entstanden war, sind mit Essen Gespräche zur Übernahme einiger Stadtbahn M-Wagen geführt worden. Das Vorhaben scheiterte bereits nach kurzer Zeit, weil die essener Wagen eine andere elektrische Ausrüstung als die krefelder M-Wagen 831-850 haben. Der Plan, die normalspurigen Linien U70 und U79 aus Düsseldorf um einige 100 m zum Nordwall zu verlängern, wird wahrscheinlich nicht realisiert. Diese Verlängerung sollte das hohe Verkehrsaufkommen an der heutigen Endstelle und am Straßenbahnknotenpunkt an der Rheinstraße verringern. Zur Zeit untersucht man andere Möglichkeiten, den Verkehrsfluß hier besser zu gestalten.

Für die Verlängerung der Linie 044 in Hüls ist eine Ringlinie mit sieben Haltestellen durch die Dorfmitte vorgesehen, obwohl die Anwohner und auch der Verkehrsbetrieb eine gewöhnliche Verlängerung bevorzugen würden. Ungeachtet dieser Verfahrensweise wäre es schön, wenn die Verlängerung nach einem Tauziehen von mehr als 40 Jahre doch noch zustande käme.

Krefeld. Es gibt eine erneute Studie für eine Verlängerung der Linie 044 in Hüls, ein Vorhaben, das bereits seit Jahrzehnten existiert. 30. April 2001 (Marco Moerland).

Köln
Die Abteilung Verkehr der Stadtwerke Bonn und die Kölner Verkehrsbetriebe haben bekannt gegeben, im Juli 2003 zu einem Unternehmen, der Köln-Bonner Verkehrs AG, zu fusionieren. Der neue Betrieb wird eines der größten Unternehmen auf dem Gebiet des städtischen und regionalen öffentlichen Verkehrs in Deutschland. Hintergrund des Beschlusses ist, wie bei anderen Zusammenschlüssen, die mit der europaweiten Ausschreibung von lokalem und regionalem öffentlichen Verkehr drohende Konkurrenz großer ausländischer Konzerne, wie Connex (Vivendi) und Arriva. Außerdem erwartet man jährliche Einsparungen in Höhe von einigen Dutzenden Millionen DM-Mark. Im Augenblick arbeitet man bereits an einem neuen Erscheinungsbild für die zukünftige Firma. Man scheint die Kombination hellgrau mit roten Streifen zu bevorzugen.
An zwei Stellen wird an der Erweiterung des Straßenbahnnetzes gearbeitet. Die Linie 1 wird in westlicher Richtung um 2,2 km von Junkersdorf nach Weiden Schulstraße verlängert. Die Linie 3 wird im Nordwesten von Bocklemünd nach Mengenich über eine Strecke von 800 m fortgeführt. An der Endstelle Bocklemünd der Linien 3 und 4 sind dafür Anfang des Jahres 2001 zwei neue Wendegleise in Betrieb genommen worden. Die beiden Netzerweiterungen werden im Mai 2002 eingeweiht.
Im Jahre 2004 ist überdies eine weitere, teils unterirdische Verlängerung vom Rande von Mengenich zum Görlinger Zentrum in der Mitte dieses Ortes vorgesehen. Demgegenüber droht die Einstellung der Strecke Chlodwigplatz – Marienburg der Linie 6, wenn im Jahre 2003 die Arbeiten am neuen Nord-Süd-Tunnel unter dem Stadtzentrum beginnen. Die Linie 6 erhält dann die südliche Endstelle Ubierring, während die jetzt hier endende Linie 15 nach Rodenkirchen weiterfahren wird.

Im September 2000 kaufte Konya erneut 26 Achtachser aus den Reihen 3700 und 3800 (Baujahr 1963/1966). Der im Frühjahr 2001 angelaufene Transport dieser Wagen in die Türkei erfolgte zum ersten Mal per Bahn statt per Schiff. Als Ersatz sind in Köln vier Achtachser aus der neueren Reihe 3100 (Baujahr 1971) nach kleinen Reparaturen wieder in Betrieb genommen worden.
Wagen 3769, der einzige cremefarben lackierte Achtachser der noch im normalen Verkehr eingesetzt wurde, wurde mit einem Schaden abgestellt. Die Stadtbahn B-Wagen der Reihe 2100 haben neue Außenschwenkschiebetüren erhalten. Die älteren Wagen der Reihe 2000 werden nicht mehr umgebaut, da ihre Nachfolger bereits bestellt worden sind. Die Ablieferung dieser neuen Stadtbahnwagen des Typs K 5000 von Bombardier ist um ein halbes Jahr auf Frühjahr 2002 verschoben worden. Für die Verlängerung der Linie 1 sind im August 2000 auch bei Bombardier vier Niederflurwagen vom Typ K 4000 nachbestellt worden. Diese kleine

Köln. An der Endstelle Bocklemünd wird eine neue Kehranlage zusammen mit den ersten Gleisen der Verlängerung nach Mengenich gebaut. 18. Mai 2001 (MT).

Köln. Eine Besonderheit des Partywagens „Colonia-Express" ist, daß seine Farbe unter dem Einfluß von Sonnenstrahlen von blau zu grün wechselt. Frechen Bahnhof, 30. Dezember 2000 (Tomas Meyer-Eppler).

Köln. Arbeitswagen 6406 wurde aus den A-Teilen zweier Achtachser zusammengestellt und ist Hilfsgerätewagen des Betriebshofes Merheim. 30. Dezember 2000 (Tomas Meyer-Eppler).

Köln/Bonn. Die bereits intensive Zusammenarbeit zwischen den beiden Verkehrsbetrieben wird durch eine Fusion gekrönt. Bonn Beuel, 21. Juni 1998 (Axel Reuther).

Bestellung war möglich, weil diese Straßenbahnwagen in technischer Hinsicht größtenteils identisch sind.
Obwohl gerade erst viele Hochflurfahrzeuge bestellt wurden, hat die lokale Politik eine Studie zum völligen Übergang auf Niederflurwagen in Auftrag gegeben. Kurzfristig wird es wohl keine Beschlüsse dazu geben, aber die Hochbahnsteige werden künftig schon so ausgeführt, daß sie verhältnismäßig einfach wieder abgetragen werden können. Obwohl es sinnvoll wäre, die Spaltung des Netzes in zwei Teile rückgängig zu machen, scheint eine Realisierung kurz oder mittelfristig kaum möglich. Neue Hochflurwagen sind im Bau und der Umbau aller Hochbahnsteige ist mit erheblichen Kosten verbunden.

Bonn

Es hat den Anschein, daß die Hardtberglinie, nachdem im Dezember 2000 einem Kompromiß zwischen den zwei großen politischen Parteien SPD und CDU erzielt wurde, endlich kommt. Die SPD ist jetzt einverstanden, daß die städtische Straßenbahn einschließlich der bestehenden Linien 61 und 62 in der Innenstadt unterirdisch verlaufen soll. Die CDU verzichtet dafür auf den Bau eines Autotunnels nach Hardtberg. Diese Lösung wurde mit gemischten Gefühlen aufgenommen. Befürworter eines Straßenbahntunnels verweisen auf die schmale Quantius- und Colmantstraße direkt hinter dem Hauptbahnhof, wo bei einer überirdischen Linienführung Schwierigkeiten zu erwarten seien. Alle Linien würden dann auch an die unterirdische Straßenbahnstation Hauptbahnhof angeschlossen werden. Die Gegner warnen davor, daß das Vorhaben zu teuer wird (der Tunnel kostet mindestens 100 Millionen Mark) und widersetzen sich dem Verschwinden der zwei bestehenden Haltestellen in der Innenstadt. Die endgültigen Pläne werden Anfang 2002 dem Stadtrat vorgelegt. Man will im Jahre 2004 mit dem Bau beginnen, um die Linie 2009 in Betrieb nehmen zu können. Im Sommer des Jahres 2001 fanden bereits die ersten Untersuchungen zur Bodenbeschaffenheit statt.
Der zweigleisige Ausbau der Vorgebirgsbahn zwischen Brühl und Bonn-Dransdorf (die von den Linien 18 und 68 befahren wird) wird teurer als veranschlagt. Dies hat zur Folge, daß zunächst nur die Abschnitte zwischen Brühl-Mitte und Brühl-Schwadorf sowie zwischen Bornheim und Bonn-Dransdorf zweigleisig werden. 2002 kommt in Bornheim eine neue Haltestelle dazu. Im Jahre 2004 wird das S-Bahnnetz Kölns um die Linie S13 erweitert, die auf dem rechten Rheinufer verkehrt. Die Stadt Bonn will diese Gleisverbindung nicht im Südosten der Stadt enden lassen, sondern über die Strekke der Linie 66 zum Hauptbahnhof weiter führen. Dann müßten auf dieser Linie Zweisystemfahrzeuge nach dem System Karlsruhe eingesetzt werden.
Im Januar 2001 sind bei Bombardier und Kiepe fünfzehn Stadt-

bahnwagen vom Typ K 5000 bestellt worden, um die ältesten Stadtbahn B-Wagen aus den Jahren 1974/75 zu ersetzen. Bonn schließt sich damit erwartungsgemäß an die Kölner Bestellung von 55 Wagen dieses Typs an. Die Auslieferung der 29 m langen Wagen soll im Oktober 2003 abgeschlossen sein.
Ein neues Phänomen ist das Sponsoring für Linien oder Haltestellen durch Betriebe. Ein Betrieb, der dafür Geld ausgeben will, kann eine Linie oder etwas preiswerter, eine Haltestelle, mit seinem Namen versehen. So verkehrt die Linie 66 jetzt als „Telekom-Express", wobei die Fahrzeuge Werbung für die verschiedenen Produkte der Deutsche Telekom machen. Insgesamt erhalten 37 von 75 Stadtbahnwagen eine derartige Werbung.

Bonn. Die Linie 66 trägt derzeit den Namen „Telekom-Express". Ein großer Teil der Stadtbahn B-Wagen auf dieser Linie hat eine passende Werbung erhalten. Haltestelle Deutsche Telekom, 22. Juni 2001 (Tomas Meyer-Eppler).

Süddeutschland

Mainz

Die größte Veränderung betrifft die Organisation. Im September 2000 wurde die neue Mainzer Verkehrsgesellschaft (MVG) gegründet, in die im Juni 2001 die Abteilung Verkehr der Stadtwerke (SWM) überging. Grund dafür sind neue europäische Gesetze, die es verbieten, wie bis dahin in Deutschland üblich, die Verluste im öffentlichen Nahverkehr durch Gewinne aus dem Verkauf von Gas und Elektroenergie auszugleichen.

Im Zusammenhang mit dem großen Umbau des Hauptbahnhofes sind die Gleise vor dem Bahnhof Ende November um einige Meter verlagert worden, um mehr Platz für die Haltestellen zu schaffen. Der zweigleisige Ausbau in der Gaustraße ist auf 2003 verschoben worden, weil es Verzögerungen beim Erwerb der benötigten Grundstücke gibt.

Wiesbaden

Der Plan für eine Stadtbahn nach Bad Schwalbach wurde eingefroren. Die neue Mehrheit im Stadtrat faßte im Juni 2001 den Beschluß, die Planung abzubrechen und auf die Anlage zu verzichten. Dennoch ist die Stadtbahn nicht ganz chancenlos, denn eine

Mainz. Die Linie 50 in der schmalen Gaustraße, die vorläufig noch teilweise eingleisig bleibt. 17. August 2001 (Gerard Stoer).

Bürgerinitiative „Stadtbahn ja" will ein Referendum für das Vorhaben organisieren. Künftig kann es außerdem wieder Kommunalwahlen geben, nach denen eine neue Mehrheit im Stadtrat die Verkehrsprobleme neu entdeckt, und beginnt, neue Pläne für den Schienenverkehr zu machen.
Interessant ist, daß die in der Nähe gelegene Stadt Hanau, mit 90.000 Einwohnern, angekündigt hat, ein Straßenbahnnetz aufbauen zu wollen. Dabei liebäugelt man wahrscheinlich mit den Subventionen von Bund und Land, welche für Wiesbaden jetzt nicht mehr benötigt werden. Hanau besaß seit 1908 einen kleinen Straßenbahnbetrieb, der durch die Kriegshandlungen im März 1945 zerstört wurde.

Frankfurt am Main

Am 10. Februar 2001 ging die 1,8 km lange Erweiterung der Linie U4 vom Hauptbahnhof zur Messe und zur Bockenheimer Warte in Betrieb. Der Bau der vollständig unterirdischen Strecke, die in drei Minuten durchfahren wird, hat fast zwölf Jahre gedauert, auch weil einige Bauunternehmer während des Baus Konkurs anmelden mußten. Die Arbeiten waren auch bei der Eröffnung noch nicht vollständig abgeschlossen und die U4 mußte noch einige male bis zum Hauptbahnhof verkürzt werden. Die Linie U5 endet wie bisher am Hauptbahnhof.
Die nächste Erweiterung der U-Bahn wird die Verlängerung von der

Frankfurt. Die Verlängerung der U-Bahnlinie U4 bedeutete das Ende der kurzen Linie 19. Das Foto zeigt die letzte Fahrt in der Pforzheimer Straße am 9. Februar 2001. (Holger Kötting).

Frankfurt. Ausnahmsweise wurde während der Kirchentage U2e-Material der Linie U7 auf der Linie U1 eingesetzt. Zeilweg, 14. Juni 2001 (Helmut Roggenkamp).

Bockenheimer Warte zur Endstelle der Linie U1 und der Straßenbahnlinie 16 in Ginnheim sein. Der Bau dieser größtenteils unterirdischen Strecke dauert mindestens sieben Jahre.
Auf jeden Fall wird während dieser Zeit (und wahrscheinlich endgültig) die Linie 16 nach Ginnheim eingestellt. Für die Linie U4 ist später eine Verlängerung in nördlicher Richtung über die Strecke der Linien U1 und U2 geplant. Im Norden der Heddernheimer Landstraße soll die Linie U3 mit einer Überführung gekreuzt werden. Damit erhält das neue Wohnviertel Riedberg einen Anschluß an die U-Bahn. Später soll auch die Linie U5 vom Hauptbahnhof über die Messe zum Europaviertel im Westen der Stadt verlängert werden.
Als Folge der Verlängerung der Linie U4 wurde am 9. Februar 2001 die parallel verkehrende Linie 19 aufgegeben. Seit dem Sommerfahrplan 2000 war sie nur noch eine kurze Verbindung vom Hauptbahnhof zur Messe (Westbahnhof). Nach der Einstellung ist übrigens kein Meter Gleis abgebaut worden. Trotz dieser Einschränkung geht es dem Straßenbahnnetz sehr gut. Der Bau der sogenannten Rebstock-Linie begann im März 2001. Diese 2,4 km lange Verbindung zweigt bei der Haltestelle Varrentrappstraße in der Hamburger Allee von der Linie 16 ab und verläuft dann durch die Voltastraße zum Rebstockviertel. Ab September 2002 wird Reb-

stockbad die neue nördliche Endstelle der Linie 16. Eine Mehrheit im Stadtrat ist für den Bau einer Straßenbahnlinie von Nibelungenplatz nach Preungesheim-Ost im Nordosten der Stadt.
Der Kreistag befürwortet eine Verlängerung von Neu-Isenburg, der heutigen Endstelle der Linie 14, zum südlich gelegenen Dreieich-Sprendlingen. Wenn dieser Plan je ausgeführt wird, trennt nur noch ein kleiner Abstand die Straßenbahnnetze von Frankfurt und Darmstadt, aber leider wird in Darmstadt auf meterspurigen Gleisen gefahren.
Ende 2000 und Anfang 2001 reduzierte sich der Bestand an sechsachsigen (Typ M) und achtachsigen (Typ N) Gelenkwagen und vierachsigen Beiwagen (Typ m) erheblich. Acht Wagen (5 M, 1 N, 2 m) wurden an einen Zwischenhändler verkauft und neun N-Wagen gingen erwartungsgemäß nach Poznan. Nachdem die letzten Einrichtungswagen aus dem normalen Verkehr verschwanden, konnte das kurze Wendedreieck an der Endstelle Fechenheim (Linie 11) durch eine Kopfendstelle ersetzt werden. Auch das Wendedreieck in Oberrad an der Strecke nach Offenbach wurde abgebaut.
In den kommenden Jahren werden neue Wagen benötigt, da weitere älterer Wagen abgestellt werden sollen, zuerst die acht Zweirichtungswagen 901-908 des Typs O. Auch die ersten Wagen aus der 100 Wagen umfassenden Reihe P wurden abgestellt. Durch Brandstiftung ging Anfang Mai 2001 im Betriebshof Eckenheim der Pt-

Frankfurt. Obwohl die Zweirichtungswagen vom Typ O in nächster Zeit abgestellt werden sollen, ist einer dieser Wagen in den neuen Farben lakkiert worden. Betriebshof Sachsenhausen, 27. Mai 2001 (Hans Casteleijn).

Frankfurt. Mit dem Museums-Großraumzug wurden während der stark besuchten Kirchentage Sonderfahrten durchgeführt. Bethmannstraße, 15. Juni 2001 (Helmut Roggenkamp).

Wagen 679 verloren. Der Verkehrsbetrieb will einen Gesamtbestand von 110 Wagen für die Straßenbahnlinien erreichen. Derzeit sind zwar insgesamt 146 Wagen vorhanden, aber 50 Ptb-Wagen sind nur auf den U-Bahnlinien U5 und U6 im Einsatz.

Eine erste Serie von elf neuen Wagen wurde ausgeschrieben. Siemens beharrt auf den Verträgen zur Lieferung von insgesamt 100 Niederflurwagen des Typs R, von denen bisher erst 40 gebaut wurden, aber die Stadtwerke haben so schlechte Erfahrungen mit diesem Wagentyp, daß sie kein Interesse mehr an Niederflurwagen mit Nabenmotoren haben. Auch der Combino scheint für sie keine Alternative zu sein.

Der neue Betriebshof Osten in Seckbach wird jetzt wirklich gebaut. Im Herbst 2001 hat man mit dem Aufschluß des Geländes begonnen. Auf dem 7,5 ha großen Gelände sollen Abstellgleise für ungefähr 150 Wagen entstehen. Die Anbindung an das Straßenbahnnetz soll in der Seckbacher Landstraße (Linie U4) und der Schäfflestraße (Linie U7) erfolgen. Der Betriebshof wird Mitte 2003 in Betrieb genommen. Die Betriebshöfe Bornheim und Sachsenhausen werden dann geschlossen.

Darmstadt

Nach Jahren von politischem Hin und Her und zahllosen juristischen Einsprüchen von Gegnern, deren Leserbriefe in der örtlichen

Darmstadt. Die letzten alten Fahrzeuge werden noch immer eingesetzt. Schulstraße, 24. März 2001 (Holger Kötting).

Presse zeigen, daß sie schlechte Verlierer sind, wird die Straßenbahnlinie nach Kranichstein wohl doch noch gebaut. Ende 2000 wurden zur Vorbereitung Kanalisationsarbeiten durchgeführt, und im März 2001 erfolgte die Ausschreibung der eigentlichen Arbeiten. Man will im Herbst mit dem Bau der 4,2 km langen Strecke beginnen. Es wird mehr als zwei Jahre dauern, so daß die Verbindung im September oder Oktober 2003 in Dienst gestellt werden kann.
Es ist vorgesehen, das Viertel mit zwei Straßenbahnlinien, zum Hauptbahnhof (hier verkehrt derzeit eine Buslinie) und nach Griesheim zu erschließen. Vorläufig sollen sie die Liniennummern 4 und 5 tragen.

Mannheim und Ludwigshafen

Im Frühjahr und Sommer 2001 gab es in Mannheim an vielen Stellen Gleisbauarbeiten. Die umfangreichsten Arbeiten in der Fußgängerzone Breite Straße und an der Adenauer Brücke dauerten dreizehn Wochen. Um den Straßenbahnverkehr zwischen Mannheim und Ludwigshafen nicht zu stark einzuschränken, verkehrte die Straßenbahn auf der Brücke eingleisig mit Kletterweichen.
Es sind zwei neue Liniennummern hinzugekommen. Die mannheimer Linie V von Luisenpark/Landesmuseum nach Neckarau-West, die nur in den Hauptverkehrszeiten unterwegs ist, wurde zur Linie 9.

In Ludwigshafen erwies sich die im Februar 2000 eingeführte Linienführung, bei der die Linie 6 aus Mannheim nicht mehr über den Berliner Platz verkehrte, als nicht sehr erfolgreich. Die Umleitung über die Betriebsgleise in der Berliner Straße wurde durch den Bau der S-Bahn notwendig, die hier am Berliner Platz entlang führen wird. Leider blieben mit den Straßenbahnen auch die Kunden für die Läden weg, so daß man nach einer anderen Lösung suchen mußte.
Die Linie 6 fährt seit September 2000 aus der Richtung Mannheim wieder durch die Ludwigstraße zum Berliner Platz und zur vorläufigen Wendeschleife. Die Linienangabe wird dann auf 8 umgestellt und die Fahrt wird als Linie 8 durch die Ludwigstraße nach Rheingönheim fortgesetzt. Auf der Rückfahrt nach Mannheim wird die Linie 8 wieder zur Linie 6. Diese Umnummerierung soll den Reisenden die Orientierung erleichtern.
Seit dem 10. Juni 2001 verkehrt die Linie 12 (Oppau – Rheingönheim) nur noch in den Hauptverkehrszeiten. Die Stadtwerke Ludwigshafen erhoffen sich von dieser Einsparungsmaßnahme bessere Chancen im zu erwartenden Konkurrenzkampf nach Ausschreibung des öffentlichen Verkehrs. Die europäischen Ausschreibungsregeln, die den öffentlichen Nahverkehrt effizienter und besser machen sollen, führen hier zum entgegengesetzten Ergebnis. Auch wird

Mannheim. Weil die Linie 6 Ludwigshafen vorübergehend umfahren muß und pro Fahrt zweimal über dieselbe Strecke fährt, wird auf halber Strecke die Liniennummer in 8 geändert. Kaiser Wilhelmstraße, 23. Juli 2001 (MT).

dadurch ein großer Teil der Straßenbahntunnel unter Ludwigshafen nur noch wenige Stunden pro Tag genutzt. Der Nutzen dieser Fehlinvestition wird dadurch noch geringer als er bereits war.
Die Lieferung der 30 bestellten Variobahn-Wagen verzögert sich weiter, weil der Hersteller Adtranz (jetzt Bombardier) gravierende Probleme bei der Fabrikation hat. Derzeit geht man davon aus, daß der erste Wagen erst im Jahre 2002, eineinhalb Jahre später als vereinbart, ausgeliefert wird.
Als Folge muß das Wagenmaterial aus den sechziger Jahren, das eigentlich schon hätte abgestellt werden sollen, noch einmal revidiert werden. Im März 2001 gaben die Verkehrsbetriebe von Mannheim, Ludwigshafen und Heidelberg bekannt, daß sie sich gemeinsam mit der DB Regio um die Ausschreibung für den Verkehr der S-Bahn Rhein-Neckar, die derzeit gebaut wird, bewerben wollen. Die Verkehrsbetriebe der drei Städte würden dann zu einem Betrieb mit dem Namen „Rhein-Neckar-Bahn“ fusionieren. Dieser Betrieb und DB Regio würden je 50 % der Aktien der S-Bahn besitzen. Eine ähnliche Konstellation besteht seit kurzem auch in Hannover. Nach zwei Monate hatte man das Vorhaben bereits wieder fallen gelassen, weil man sich einer Zustimmung zu dieser Fusion durch das Kartellamt nicht sicher war. Die Fusion der drei Verkehrsbetriebe wird aber trotzdem erwartet.

Heidelberg

Die Gegner der Straßenbahn haben sich vorläufig durchgesetzt, und die Diskussion über die Straßenbahn nach Kirchheim erneut eröffnet. Der Verkehrsbetrieb wurde im November 2000 durch den Stadtrat beauftragt, die ganze Sache erneut zu untersuchen und dabei auch die Möglichkeit einer verbesserten Busverbindung einzubeziehen.
Anfang 2001 sind die Gleise in der Bergheimer Straße erneuert worden. Es wurden neue Gleisverbindungen verlegt, so daß auch Wagen aus Richtung Bismarckplatz zum Technologiepark abzweigen können. Der Wiedereinbau dieser erst vor einigen Jahren entfernten Verbindungsgleise erfolgte für die geplante Ringlinie Handschuhsheim – Bismarckplatz – Bergheimer Straße – Berliner Straße – Handschuhsheim.
Beim Wagenpark wartet man, wie in Mannheim, auf die bestellten acht Niederflurwagen, die eigentlich schon ab Ende 2000 geliefert werden sollten. Im November 2000 wurde der Sechsachser 228 nach Schöneiche überführt. Der Wagen war in der Hauptwerkstätte Mannheim in den Farben von Schöneiche lackiert worden. Insgesamt sind jetzt vier dieser Wagen verkauft worden.

Saarbrücken

Die Stadtbahn Saar war erfolgreicher als erwartet. 1999 beförderte die Straßenbahn 9 Millionen Fahrgäste. Im Jahre 2000 waren es 10 Millionen und für 2001 rechnet der Betrieb mit 12 Millionen Fahrgästen. Die jährliche Anzahl von Reisenden auf der Strecke nach Sarreguemines in Frankreich ist von 600 000 im Jahre 1998 (dem ersten vollständigen Jahr, in dem die Stadtbahn verkehrte) auf 2,5 Millionen im Jahr 2000 angestiegen. Es gibt sogar Ideen in Sarreguemines eine zweite Haltestelle zu bauen. Außerdem läßt die Regierung des Saarlandes im Augenblick untersuchen, ob das Saarbahn-Konzept als Basis für den regionalen Verkehr des gesamten Landes dienen kann.
Am 12. November 2000 wurde die Stadtbahn um weitere 1,5 km in nördlicher Richtung vom Cottbuser Platz zum Siedlerheim verlängert. Im Oktober 2001 erfolgte die Verlängerung mit der Zwischenhaltestelle Heinrichshaus zur nächsten vorläufigen Endhaltestelle Riegelsberg Süd. Die Fahrleitungsmasten dieser Strecke wurden per Hubschrauber herangeflogen und montiert, ein Verfahren, das früher häufig in der DDR angewandt wurde. 2003 soll eine Verlängerung nach Holzweiler erfolgen und Ende 2004 will man die Endhaltestelle Lebach erreichen.
Im Januar 2001 wurden die beiden letzten Stadtbahnwagen 1027 und 1028 der zweiten Bestellung ausgeliefert. Der Wagenpark ist damit vollständig. Da bis zum Erreichen der Endstelle Lebach noch ein Überhang an Wagen besteht, konnten sechs Wagen an Kassel vermietet werden, wo sie seit 10. Juni 2001 als RegioTram auf der Eisenbahnlinie nach Warburg verkehren.

Saarbrücken. Zwischen November 2000 und Oktober 2001 war die Haltestelle Siedlerheim die vorübergehende Endstelle der Straßenbahnlinie. 27. Juni 2001 (BS).

Heilbronn. Die offizielle erste Fahrt der verlängerten Stadtbahnlinie S4. Bahnhofstraße, 21. Juli 2001 (MT).

Heilbronn. Am Eröffnungswochenende verkehrten Doppeltraktionen in Zehnminutentakt. Friedrich-Ebert-Brücke, 21. Juli 2001 (MT).

Karlsruhe

Wieder einmal hat eine Stadt, die früher die Straßenbahn für unmodern hielt, dieses Verkehrsmittel bei seiner Rückkehr jubelnd empfangen. Am 1. April 1955 verabschiedete sich Heilbronn frohen Herzens von seiner stark veralteten Straßenbahn. Am 21. Juli 2001 um 11.00 Uhr erfolgte auf dem Bahnhofsplatz die festliche Inbetriebnahme der neuen Stadtbahn durch die Heilbronner Innenstadt, unter der Begleitung von Böllerschüssen und der unvermeidlichen Dixieland-Musik. Am ersten Wochenende konnte man die Bahn kostenlos benutzen. Durch das große Interesse und das schöne Wetter geriet das Ganze zu einem fröhlichen Chaos.
Zur Linie S4, die seit September 1999 bereits zum Hauptbahnhof in Heilbronn verkehrte, ist jetzt eine Strecke von 1,4 km durch die Innenstadt von Heilbronn zur Endhaltestelle Harmonie hinzu gekommen. Westlich vom Bahnhof verläßt die Straßenbahn die Eisenbahngleise. Sie hält nun nicht mehr am Gleis 4, sondern auf dem Bahnhofsvorplatz. Der Bau hat 75 Millionen Mark gekostet, wovon ein großer Teil für den Umbau der Gleisanlagen der Eisenbahn benötigt wurde, die die Straßenbahn vollständig überqueren muß, um die Straße zu erreichen. Heilbronn hat sich mit 11,5 Millionen an der Beschaffung von zwei Stadtbahnwagen beteiligt. Die Begeisterung ist groß, und es gibt bereits Pläne für die Erweiterung zu verschiedenen Orten in der Umgebung (Zaberfeld, Gundelsheim

und Bad Rappenau). Bis zum Jahre 2010 werden Investitionen in Höhe von mehr als 200 Millionen Mark benötigt.
Ein halbes Jahr vor der oben erwähnten Eröffnungsfeier, am 20. Dezember 2000, war der Baubeginn für die Verlängerung der Linie S5 von der vorläufigen Endhaltestelle Wörth Dorschberg nach Wörth Badepark. Die 1,5 km lange eingleisige Strecke soll im Juni 2002 in Betrieb gehen. Dann wird die gesamte Stadtstrecke auf 750 V Gleichspannung umgestellt. Derzeit wird noch mit 15 kV Wechselspannung gefahren.
Im Jahre 2002 gehen ebenfalls die Linien S41 und S51 in Betrieb. Die S41 wird auf der Eisenbahnstrecke zwischen Karlsruhe Hauptbahnhof und Rastatt Hauptbahnhof (mehr als 22,5 km) verkehren und die Linie S51 nutzt ebenfalls die Eisenbahnstrecke zwischen Pforzheim und Bad Wildbad (21 km). Die DB fährt hier derzeit im Auftrag der Albtal Verkehrs-Gesellschaft mit Dieseltriebzügen. Im August 2001 ist der Zugverkehr auf der Enztalbahn vorübergehend eingestellt worden, um die Signalanlagen zu modernisieren. Anfang 2002 wird die Linie elektrifiziert und es kommen neue Haltestellen dazu. Es ist auch vorgesehen, die Strecke vom abseits gelegenen Bahnhof in das Zentrum von Bad Wildbad zu verlängern. Nicht jeder in diesem Touristenort ist davon begeistert, denn die Straße am Fluß Enz ist für die 2,65 m breiten Stadtbahnwagen wirklich sehr schmal. In den Jahren 2003 und 2004 folgen auf Eisenbahngleisen Bruchsal – Germersheim (25,5 km, Linie S9), als Neubau-

Karlsruhe. Kurz bevor die S5 in den Hauptbahnhof Pforzheim einfährt, passiert sie noch einen langen Tunnel. 28. Juni 2001 (BS).

Karlsruhe. Speziell für die Schüler der Europäischen Schule wurden die Schulstraßenbahnlinien 16, 17 und 18 in Betrieb genommen. Durlach, 28. Juni 2001 (BS).

strecke Blankenloch Nord – Spöck (13,5 km, Linie S2) und wieder auf Eisenbahngleisen Baden-Baden – Achwern (fast 20 km, Linie S4).
Damit die Stadtbahnwagen auf den immer längeren Linien effizienter eingesetzt werden können, baut man derzeit an verschiedenen Orten Betriebshöfe. Der Betriebshof in Odenheim für die Linie S31 ist bereits fertiggestellt und in Eppingen an der S4 wird gebaut. Später folgen Wörth-Dorschberg (S5) und Forbach (S4/41). Hinter dem Betriebshof an der Tullasstraße in Karlsruhe wird eine neue Anlage für die 2,65 m breiten Fahrzeugen gebaut. Die heutigen Gebäude werden in Zukunft für Autobusse und historische Fahrzeuge verwendet.
Auch auf dem Stadtnetz gab es Veränderungen, denn am 7. Dezember 2000 ist die Stadtlinie 4 um eine kurze Strecke von 1,7 km, von Jägerhaus zur Europäischen Schule, verlängert worden. Als Ersatz für die Schulbusfahrten hierher wurden die besonderen Schulstraßenbahnlinien 16, 17 und 18 von und nach Lessingstraße, Weinbrennerplatz und Durlach eingeführt, die werktags morgens und nachmittags einige Male verkehren. Für die Erweiterung der Stadtstraßenbahn sind die Strecken Auerstraße – Zündhütle – Wolfartsfeier (3,5 km, Linie 2) und Mühlburger Tor – Heide (3,1 km, Linie 6 oder Linie 3) geplant. Beide Strecken sollen 2003 realisiert werden.
Derzeit verfügt der Betrieb über 75 Wagen für das Stadtnetz (40 Niederflurwagen, die Sechsachser 221-240 und die Achtachser

Karlsruhe. Die neuen achtachsigen Niederflurwagen fahren auf der Linie 1 in Doppeltraktion mit ihren sechsachsigen Artgenossen. Europaplatz, 22. Juli 2001 (MT).

301-320, und 35 ältere Achtachser aus verschiedenen Serien), 60 Gleichstrom-Stadtbahnwagen (20 Sechsachser 501-520 und 40 Achtachser 551-590) und 77 Zweisystem-Stadtbahnwagen (die Achtachser 801-836 und 837-877), insgesamt also 212 Einheiten. Als letzte Reserve hält der Betrieb außerdem noch elf alte achtachsige Straßenbahnwagen vor.

Zwei Stadtbahnwagen sind für längere Zeit oder vielleicht endgültig abgestellt worden, denn Anfang Juni 2001 brannte vermutlich als Folge von Brandstiftung der Stadtbahnwagen 818 (DB-Nr. 450 002) völlig aus, während der daneben stehende Wagen 581 schwer beschädigt wurde. Für das Stadtnetz wurden zehn Sechsachser 241-250 und fünf Achtachser 321-325 bestellt, mit einer Option auf weitere 20 und fünf Wagen. Zur Zeit werden die sich zehn Zweisystemwagen 878-887 für das Stadtbahnnetz geliefert, hier beläuft sich die Option auf weitere zwölf Wagen.

Das Problem, daß all diese Wagen durch die Innenstadt von Karlsruhe müssen, ist noch immer nicht gelöst. Die Bevölkerung lehnte im Oktober 1996 den Bau eines Tunnels unter die Kaiserstraße ab. Alternative Strecken, z.B. durch die südlicher gelegene Kriegsstraße, haben den Nachteil, daß das Zentrum nicht mehr berührt wird. Eine Studie hat jetzt erneut gezeigt, daß ein Tunnel die einzige wirkliche Lösung bietet.

Freiburg. Die zweite Serie von klassischen Achtachsern wurde für den Verkauf freigegeben. 11. März 1986 (BS).

Freiburg

Das Straßenbahnnetz wächst und die Anzahl der Pläne für neue Strecken wächst noch schneller. Die Arbeiten an der Strecke nach Haslach laufen auf vollen Touren. Die 4 km lange Strecke wird planmäßig 2003 in Dienst gestellt. Der Bau eines Streckenastes, die sogenannte „Vaubanlinie", wird im Augenblick vorbereitet. Im Osten der Stadt steht, im Zusammenhang mit dem Bau einer neuen Straße, ab 2004 eine kurze Verlängerung der Linie 1 von Littenweiler nach Littenweiler Bahnhof auf dem Programm. Auch für die Verlängerung der Linien 5 und 6 von Zähringen im Norden der Stadt nach Gundelfingen gibt es gute Aussichten auf eine Fertigstellung im Jahre 2007. Dafür muß ein schmaler DB-Viadukt über die Straße nach Gundelfingen erneuert werden. Da nicht geklärt werden konnte, wer diese Kosten übernimmt, konnte man noch nicht mit diesem Vorhaben beginnen.

Da mit dem Bus der Andrang von Reisenden zur Neuen Messe nicht mehr zu bewältigen ist, soll die Linie 4 einen Abzweig dorthin erhalten. Auch für eine Straßenbahnverbindung über den Rotteckring im Westen der Innenstadt, die den Knotenpunkt Bertoldsbrunnen entlastet soll, gibt es noch Hoffnung. Nachdem der Stadtrat zunächst dagegen war, hat er jetzt doch eine Studie darüber in Auftrag gegeben, deren Ergebnis für Ende 2001 erwartet wird.

Die neuen Combinos verkehren alle auf der Linie 1. Die Fahrgäste sind zufrieden, aber das Personal ist von dem unruhigen Fahrverhalten der Wagen weniger begeistert. Zur Abhilfe wird eine verbesserte Federung getestet. Trotz der Probleme wandelte der Betrieb im März 2001 die Option auf weitere acht Combinos in eine Bestellung um. Die Wagen werden 2003 ausgeliefert. Die vier ältesten Achtachser 201-204 (Baujahr 1971-1972) waren seit 2000 abgestellt und sind an einen Händler in Salzgitter verkauft worden. 2001 wurden auch einige Wagen aus der Nachfolgeserie 205-214 (Baujahr 1981-1982) abgestellt. Diese Wagen werden noch bei großem Andrang von Fahrgästen, wie bei Fußballspielen, eingesetzt. GT4-Triebwagen 107 ist nach Iasi in Rumänien überführt worden. Im Januar 2001 wurde der Betriebshof Nord geschlossen. Die Gebäude werden abgetragen, um Platz für den Wohnungsbau zu schaffen.

Stuttgart
Das örtliche Straßenbahnmuseum nimmt jede Möglichkeit wahr, die meterspurigen Fahrzeuge im Einsatz zu zeigen, solange das noch geht. So feierte man im April 2001 das 75. Jubiläum der Endhaltestelle Obere Ziegelei der Linie 2 in Bad Cannstatt. Auch zum 25. Jubiläum der unterirdischen Straßenbahnhaltestelle und der Klett-Passage, einem Einkaufszentrum vor dem Hauptbahnhof, wurde eine Feier organisiert. Die Museumswagen werden hier bald nicht mehr fahren können, denn der Umbau der Linie 2 zur normalspurigen U2 hat im Sommer 2001 begonnen. In Bad Cannstatt fährt die Straßenbahn jetzt zum Teil eingleisig, um Platz für die neuen Gleise und Haltestellen zu schaffen. Die Linie wird gleichzeitig in nördlicher Richtung zum Hauptfriedhof Steinhaldenfeld und später nach Neugereut verlängert. Die andere Hälfte der Linie 2 Hauptbahnhof – Hölderlinplatz wird nach der Einführung der Linie U2 im März 2002 vorübergehend durch Busse ersetzt, damit auch dieser Teil umgebaut werden kann. Die Pläne sehen vor, diese Arbeiten im Herbst 2002 abzuschließen.
Rund um den Hauptbahnhof wird es in den kommenden Jahren umfangreiche Bauarbeiten geben. Längere Zeit war es still um die Pläne zur großzügige Erneuerung des Bahnhofs unter dem Namen „Stuttgart 21“. Anfang 2001 wurde beschlossen, den Plan in kleinerem Umfang auszuführen. Der heutige Kopfbahnhof wird dann durch einen unterirdischen Durchgangsbahnhof ersetzt, der quer unter dem heutigen Bahnhof liegt. Der Bau dauert von 2004 bis 2011. Bei der Straßen- und Stadtbahnen muß die Haltestelle Staatsgalerie höher gelegt werden, um Platz für den neuen Eisenbahntunnel zu schaffen. Die Gleisanlagen nördlich des Hauptbahnhofs werden größtenteils verschwinden. Die Wohn- und Büroviertel, die hier entstehen und von denen die Gleisumbauten größtenteils finanziert werden, erhalten durch die neue Linie U12 einen Anschluß an den öffentlichen Nahverkehr. Die Zukunft der in Kürze letzten Meterspurlinie 15 ist noch immer unklar. Der Verkehrsbe-

Stuttgart. Die Linie 2 fährt in Bad Cannstatt teilweise über eine eingleisige Hilfsstrecke, um Platz für den Bau der normalspurigen Linie U2 zu machen. Teinacher Straße, 19. Juli 2001 (MT).

Stuttgart. Die Linie 15 verbleibt als einzige Meterspurlinie. Die Frage ist, wie lange. Eugensplatz, 19. Juli 2001 (MT).

trieb möchte sich vor allem von dem weniger genutzten Teil nach Ruhbank trennen. Doch gerade diese Strecke ist wegen der schönen Lage mit einem Ausblick auf die Stadt bei den Fahrgästen und beim Straßenbahnmuseum sehr beliebt. Der andere Streckenteil nach Stammheim wird zwar häufiger benutzt, aber verläuft nur durch einige schmale Straßen. Es sind noch keine Beschlüsse gefaßt worden, aber die Zukunft ist für diese meterspurige, nicht sehr stark benutzten Straßenbahnlinie, auf der dreißig bis vierzig Jahre alte Wagen verkehren, die inmitten eines Regelspurnetzes mit elf Linien mit insgesamt mehr als 100 Kilometer liegt, nicht sehr rosig.
Im Zusammenhang mit der Erweiterung des Regelspurnetzes sind Ende 2000 bei einem Konsortium von Adtranz und Siemens im Anschluß an die bereits gelieferten 23 Wagen des Typs DT8.10 siebzehn weitere Stadtbahnwagen dieses Typs bestellt worden. Sie sollen Ende 2002 und Anfang 2003 geliefert werden. Der Betrieb nutzt mit dieser Bestellung eine Option von 1996 auf weitere 27 dieser Wagen nur zum Teil.

Ulm
Die Versuche der französischen Firma Lohr, die Stadt für den Translohr zu interessieren, ein Fahrzeug auf Gummireifen, mit nur einer Führungsschiene, sind fehlgeschlagen. Obwohl ein Teil des Stadtrates wohl dafür war, und dabei anscheinend schon wieder vergessen hatte, daß erst vor kurzem mit den Mitteln der Steuerzahler die Straßenbahngleise erneuert worden waren, konnte der Verkehrsbetrieb dann doch am 28. Juni 2001 bei Siemens acht Combinos bestellen. Die Wagen, die Anfang 2003 geliefert werden, sollen die vierzig Jahre alten GT4-Wagen aus Stuttgart ersetzen. Die äußere Gestaltung der 30 m langen Combinos wird den amsterdamer Wagen entsprechen. Weil sie größer sind und der Wartungsaufwand geringer ist, können acht der neuen Wagen die heute vorhandenen vierzehn Wagen ersetzen.

Würzburg
Am 10. Juni 2001 ist der Streckenteil der Linie 3 durch die Dorfmitte von Heidingsfeld nach Heidingsfeld Ost eingestellt worden. Das soll nur ein vorläufiger Versuch sein, aber bei den bevorstehenden Kanalisationsarbeiten müssen die verschlissenen Gleise abgebaut werden. Es ist abzuwarten, was dann geschieht, denn die Einstellung dieser eingleisigen Strecke, auf der nur montags bis freitags tagsüber die Straßenbahn fuhr, wurde bereits seit längerer Zeit erwartet. Die Linie 3 hat jetzt die Fahrtroute Hauptbahnhof – Heuchelhof Athener Ring erhalten und entlastet damit die stark befahrene Linie 5. Diese macht jetzt nicht mehr den Umweg über den Athener Ring, sondern fährt direkt nach Rottenbauer.
Der Betrieb hat elf Düwag-Achtachser (Baujahre 1967/1968 und 1975) für den Verkauf freigegeben, die aber zum Teil nicht mehr betriebsfähig sind.

Ulm. Nach der Bestellung von neuen Fahrzeugen wird demnächst der Einsatz der veralteten GT4-Wagen zu Ende gehen. Schwamberger Straße, 29. Mai 1999 (MT).

Würzburg. Nachdem die eingleisige Strecke 43 in Heidingsfeld eingestellt wurde, konnte das alte Fahrzeugmaterial zum Verkauf freigegeben werden. 14. Mai 2001 (Wim van der Ent).

Augsburg. Die Linie 4 ist im Norden der Stadt nach Oberhausen-Nord verlängert worden. 27. Juni 2001 (Frits van der Gragt).

Augsburg. Der Verkehrsbetrieb hat eine zweite Serie von Combinos bestellt. 2. Juni 2001 (Wouter van Beek).

Nürnberg

Die nahe beieinanderliegenden Endhaltestellen Dutzendteich der Linie 4 und Luitpoldhain der Linie 9 im Südosten der Stadt werden miteinander verbunden. Die beiden Linien können dadurch in einem Umlauf befahren werden. Das ist die erste Ergänzung des Straßenbahnnetzes seit 1974, eine Tatsache die bedeutsamer ist als diese Eweiterung um ganze 750 Meter. Nach dem Baubeginn im Frühjahr 2001 ging es langsam voran. Die Inbetriebnahme findet voraussichtlich erst im Herbst 2002 statt. Aber daran muß man sich in einer Stadt, wo das Todesurteil für die Straßenbahn schon gesprochen schien, wohl gewöhnen.

Infolge der Indienststellung aller GT8N-Niederflurwagen der Reihe 1101-1126 konnten erneut einige ältere Wagen nach Krakau abgegeben werden. Fünf sechsachsige Gelenkwagen mit fünf passenden Beiwagen wurden im April 2001 nach Polen überführt. Großraumwagen 250 von 1960 bleibt in Nürnberg und gehört jetzt zu den Museumsfahrzeugen. Der Wagen wurde äußerlich in den Ursprungszustand zurückversetzt und trägt die Aufschrift „Nürnberg-Fürther Straßenbahn".

Augsburg

Am 9. Juni 2001 wurde im Norden der Stadt eine Verlängerung der Linie 4 nach Oberhausen Nord in Betrieb genommen. Die Straßenbahn verkehrt nur bis zur Grenze der Gemeinde Gersthofen, weil der Bürgermeister diese Ortes keine Straßenbahn in seiner prächtigen Stadt duldet. Die Verlängerung umfaßt 2,5 km. Die alte Wendeschleife in Oberhausen blieb erhalten. An der Verlängerung der Linie 2 zum Zentralklinikum im Westen der Stadt wird noch gearbeitet. Diese Strecke soll 2001 in Betrieb genommen werden. Die Vorbereitungen für weitere Ergänzungen (Linie 1 in Lechhausen, Bau der Linien 5 und 6) befinden sich in der Planungsphase.

Im September 2000 wurde der letzte der sechzehn Combinos (Reihe 821-836) ausgeliefert. Im Mai 2001 wurden bei Siemens erneut dreizehn siebenteilige Combinos bestellt; sie sollen ab September 2002 ausgeliefert werden. Sie werden die zwanzig (zu zehn Zweiwagenzügen gekoppelten) nicht modernisierten Stuttgarter GT4-Wagen ersetzen und werden für die genannten Netzerweiterungen benötigt.

Von den noch vorhandenen fünfachsigen Gelenkwagen wurden vierzehn Fahrzeuge an den Verkehrsbetrieb von Iasi verkauft. Ende Juni 2001 verließen die Wagen Augsburg auf dem Wege nach Rumänien. Triebwagen 535 bleibt als einziges Exemplar dieser GT5-Wagen als Museumswagen in Augsburg.

Im März 2001 erfolgte nach einer Bauzeit von sechs Jahren die Eröffnung des neuen Betriebshofes und der Werkstatt Am Roten Tor.

München

Die Aktivitäten zur Ergänzungen des Straßenbahnnetzes sind völlig zum Stillstand gekommen. Die Straßenbahn sollte mit tangentialen

München. Nach einer Erhöhung der Fahrspannung können von den Altbauwagen nur noch einige umgebaute P-Wagen eingesetzt werden. Arnulfstraße, 28. Mai 1999 (MT).

Verbindungen zu einer hochwertigen Ergänzung des U-Bahnnetz werden, das sich auf das Stadtzentrum ausrichtet. Neue Fahrzeuge wurden in Betrieb genommen, die Linie 17 zum Romanplatz hat beachtlichen Erfolg und die Osttangente, für die nur eine kurze Verbindungsstrecke gebaut werden mußte, ist 1997 verwirklicht worden. Seitdem herrschte aber Stille.
Die Pläne zur Verwirklichung der Strecke Effnerplatz – St. Emmeran liegen schon seit Jahren irgendwo in einer Schublade und auch von der Westtangente war nichts mehr zu hören. Der Bau der sogenannten Kasernenlinie im Nordwesten der Stadt ist in eine Sackgasse geraten, da der Besitzer einiger für den Bau benötigter Grundstücke diese nicht verkaufen will. Auch zur Nordtangente gibt es nichts Erfreuliches zu berichten, obwohl nur noch etwa zwei Kilometer Gleis verlegt werden müßten.
Das Problem ist die Streckenführung durch den Englischen Garten. Es hat Jahre gedauert, ehe sich Kommunalverwaltung und Verkehrsbetrieb dazu einigen konnten und anschließend mußte man sich eine große Anzahl von Beschwerdeschriften befassen. Jetzt hat sich die Regierung Oberbayerns dagegen ausgesprochen. Als Eigentümerin des Englischen Gartens hat sie vorläufig das letzte Wort. Merkwürdig ist, daß diese Regierung, die üblicherweise wirtschaftlichen Interessen den Vorzug gibt, sich plötzlich so für die landschaftlichen Vorzüge des Englischen Gartens engagiert. Im Mai 2001 weigerte sich die Regierung, das notwendige Planfeststellungsverfahren durchzuführen. Ende Juli haben die Stadtwerke

gegen diesen Beschluß bei Gericht Berufung eingelegt. Fortsetzung folgt ohne Zweifel.
Trotzdem scheinen die Stadtwerke nicht immer zugunsten der Straßenbahn zu entscheiden. Wie läßt es sich sonst erklären, daß die Linie 20 nach Moosach während des Baus der U-Bahnlinie 3 für mindestens zwei Jahre bis zum Westfriedhof verkürzt wird? Man muß das argwöhnisch betrachten, denn man hat in München so seine Erfahrung mit derartigen „vorübergehenden" Einstellungen. Die Strecke Effnerplatz – Cosimapark ist schließlich bereits 1980, ebenfalls wegen U-Bahnbaus, verschwunden.
Im November 2001 wird die Fahrspannung von 650 V auf 750 V erhöht. Die Niederflurwagen sind selbstverständlich schon dafür geeignet und einige P-Wagen werden umgebaut. Der Einsatz älterer und nicht umgebauter Fahrzeuge ist von da an nicht mehr möglich. Das bedeutet, daß Dreiachser, älteren Museumsfahrzeuge und Arbeitswagen nicht mehr eingesetzt werden können.
Die Organisation des Betriebs wurde verändert. Eine neu gegründete Firma, die Münchner Verkehrsgesellschaft (MVG), wird Betriebsführer von U-Bahn, Straßenbahn und Bus. Fahrzeuge, Infrastruktur und die heutige Belegschaft verbleiben in den Händen der Stadtwerke und werden gegen marktkonforme Preise an den Betriebsführer vermietet, der somit nicht mit den Abschreibungskosten und andere Fixkosten belastet wird. Dieses komplizierte Manöver macht die Ausschreibung der Betriebsführung zu gegebener Zeit einfacher und erhöht die Chancen für den heutigen Betrieb.

München. Die vierteiligen Niederflurwagen trifft man u.a. auf den Linien 20 und 21, wo sie einen Zug P + p ersetzen. Bayerstraße, 24. Februar 2001 (BS).

Ostdeutschland

Rostock

Am 17. April 2001 lieferte Bombardier die ersten von 22 neuen Niederflurbeiwagen aus. Diese Wagen sind gemeinsam mit Leipzig bestellt worden. Für die Nummerierung benutzt man ein kompliziertes System. Die Beiwagen erhalten eine Nummer, die von dem Triebwagen abgeleitet ist, mit dem sie dann ständig eingesetzt werden. Elf der zwölf Tatra T6-Züge (701/801-712/812) werden wieder getrennt. Die zweiten Wagen dieser Züge, die 801-812, müssen umgebaut werden, um sie wieder als einzeln fahrende Triebwagen einsetzen zu können. Sie behalten dabei ihre Wagennummer. Bis zum Juli 2001 waren sechs Beiwagen abgeliefert worden (757-759 und 857, 858 und 860), die hinter den T6-Triebwagen 707-709 und 807, 808 und 810 fahren werden. Der Zug 703 und 803 erhält keine Beiwagen, so daß die entsprechenden Beiwagen-Nummern unbesetzt bleiben.

Am 7. Juli 2001 wurde der nächste Abschnitt der Neubaustrecke nach Lütten Klein, von Evershagen zur Rügener Straße in Lichtenhagen, eröffnet. An jenem Tag wurde auch der neue Niederflurbeiwagen erstmals eingesetzt.

Rostock. Im Frühling des Jahres 2001 wurde der erste Niederflurbeiwagen geliefert. Diese Beiwagen werden hinter Tatra T6-Triebwagen eingesetzt. Lange Straße, 23. August 2001 (Harry Hondius).

Rostock. Die 2000 in Betrieb genommene Strecke nach Evershagen wurde im Juli 2001 schon wieder verlängert. Bertolt-Brecht-Straße, 2. April 2001 (David van der Spek).

Mehr als ein halbes Jahre zuvor, am 13. Oktober 2000, wurde am Hauptbahnhof der erste Pfahl für den Bau der Neubaustrecke zur Südstadt eingerammt. Die Arbeiten hatten bereits im September begonnen. Die Straßenbahn soll 2003 durch den Tunnel unter dem Hauptbahnhof fahren. Von der Rosa-Luxemburg-Straße vor dem Bahnhof fährt die Straßenbahn in den Tunnel und durch eine S-Kurve unter den Bahnhof. Hier entsteht unter den Eisenbahngleisen eine Haltestelle. Am Platz der Freiheit hinter dem Bahnhof fährt die Straßenbahn wieder nach oben.
Die Hauptwerkstatt der Straßenbahn in der Fahnenstraße wurde geschlossen. Als Ersatz entstand im Betriebshof Hamburger Straße eine neue Hauptwerkstatt in Hallen, die durch die Verlagerung der Busgaragen frei wurden. Die Modernisierung des letzten T6-Triebwagens 803 wurde in der neuen Werkstatt abgeschlossen.

Schwerin

Ende August 2001 wurden die ersten neuen Niederflurwagen aus einer Serie von 28 Stück in Betrieb genommen. Die Doppelgelenkwagen von Bombardier-DWA sind mit den Niederflurwagen in Kassel und Essen fast identisch. In Erwartung der neuen Wagen waren im September 2000 bereits die ersten vier modernisierten Tatra T3-Wagen abgestellt und zum Verkauf angeboten worden. Im Januar 2001 folgte ein weiterer Triebwagen. Mit der Indienststellung der

Schwerin. Das Ende für die Tatra-Wagen naht. Der erste Niederflurwagen ist bereits abgeliefert. 22. April 2000 (Tineke Lamens).

Schwerin. Zum *roll-out* des neuen Niederflurwagens 601 am 25. August 2001 wurde viel künstlicher Nebel eingesetzt. Betriebshof Haselholz (Joachim Kaddatz).

neuen Niederflurwagen wird diese Zahl weiter zunehmen. Der Verkehrsbetrieb hat seit dem 10. Juni 2001 der Betriebsführung der Eisenbahnstrecke Rehna – Schwerin – Parchim übernommen. Der Betriebsführer, die Stadtwerke Schwerin GmbH, hat dafür sechs Dieseltriebzüge des Typs Lint 41 (701-706) gekauft. Sie sind im Betriebshof Haselholz beheimatet, der dafür angepaßt und erweitert wurde und einen 1,9 km langen Gleisanschluß erhielt. Eine gemeinsame Strecke für Eisenbahn und Straßenbahn gibt es nicht und soll es wohl auch nicht geben.

Halberstadt

Die Zukunft des Straßenbahnbetriebs ist noch immer unsicher. Es liegt ein positives Gutachten eines Beraters aus Berlin vor. Die Kommunalpolitiker haben beschlossen, den Straßenbahnbetrieb weiter zu führen, ohne damit jedoch finanzielle Zusagen zu verbinden. Es scheint doch eine positive Tendenz zugunsten der Straßenbahn zu geben, vor allem, weil in den vergangenen Jahren viel in die Erneuerung der Gleise investiert wurde.

Es müssen aber Einsparungsmaßnahmen durchgeführt werden, u.a. indem die Reisegeschwindigkeit erhöht wird. Auf der Linie 2 konnte durch eine verbesserte Abstimmung der Verkehrsampeln in den vergangenen Jahren bereits ein Umlauf eingespart werden. Der Verkehr im 10-Minutentakt konnte trotzdem beibehalten werden. Die Belegschaft wird weiter reduziert. Zunächst werden keine neuen Wagen beschafft. Es würden sieben Niederflurwagen benötigt.

Halberstadt. Mit der Anpassung des Fahrplanes der Linie 3 wurde der zweiachsige Rekowagen 29 abgestellt. Klusberge, 5. Juli 1999 (MT).

Seit dem August 2001 hat die Linie 3 nur noch Freitag und Samstag einmal pro Stunde Anschluß an den Umlauf der Linie 2. Der Reko-Zweiachser fährt seitdem nicht mehr. An den übrigen Wochentagen verkehren Busse. Die notwendige Erneuerung der Gleise kann so noch einige Zeit verschoben werden.

Magdeburg
Als letztes Exemplar der zweiten Serie von Niederflurwagen wurde Triebwagen 1353 im September 2000 abgeliefert. Niederflurwagen fahren jetzt auch auf der Linie 2. Im November 2000 sind früher als erwartet bei Alstom (LHB) weitere neunzehn Niederflurwagen vom selben Typ bestellt worden, die zwischen März und November 2002 ausgeliefert werden sollen. Im Unterschied zu ihren Vorgängern sollen sie, u.a. durch eine höhere Brandsicherheit, tunneltauglich sein. Die Zahl der Niederflurwagen reicht jetzt aus, um den Betrieb am Samstagnachmittag und am Sonntag vollständig mit diesen Wagen auszuführen. Wagen 1340 war zu Probefahrten einige Wochen in Polen unterwegs und fuhr in Warschau, Szczecin und Wroclaw. Im Dezember 2000 wurden 21 nicht modernisierte T4D-Triebwagen und die drei zugehörigen B4D-Beiwagen abgestellt. Ein geplanter Verkauf nach Sarajevo kam nicht zustande. Im Betrieb befinden sich jetzt 124 Tatra, 88 Triebwagen und 36 Beiwagen.
Am 15. Oktober 2000 erhielt die Linie 6 eine Schleife an der Endstelle Diesdorf. Hier gab es bis dahin ein Wendedreieck. Etwa eine Woche später, am 27. Oktober, erfolgte der symbolische Baubeginn für die Erweiterung des Straßenbahnnetzes mit der sogenannten

Magdeburg. Die Tatra T4D-Wagen werden im Rahmen einer Revision grau, grün und rot, in den Farben der Niederflurwagen lackiert. Endstelle Alte Neustadt, 4. Juli 2001 (Gerard Stoer).

zweiten Nord-Süd-Verbindung. Dieses Vorhaben soll in den kommenden zehn Jahren abschnittsweise realisiert werden. Der erste Abschnitt ist eine Verlängerung des Westrings in nördlicher Richtung. Mitte 2003 wird hier eine neue Linie 11 auf der Strecke Olvenstedt – Europaring – Westring – Halberstädter Straße – Leipziger Chaussee verkehren. In der zweiten Phase folgt eine Verlängerung vom Westring in südöstlicher Richtung. Später steht noch ein neuer Abzweig ab Stadtmitte in Richtung Kannenstieg auf dem Programm. Der Magdeburger Ring und das nördliche Vorfeld des Hauptbahnhofs sollen in einem Tunnel unterfahren werden. Auf dieser Verbindung dürfen dann nur die kürzlich bestellten Niederflurwagen fahren.
Der neue Betriebshof Südost wurde Anfang Juli 2001 fertiggestellt. Der Betriebshof Stadtfeld kann dadurch endgültig geschlossen werden.

Brandenburg

Der neue Betriebshof Hohenstücken wurde am 16. September 2000 feierlich seiner Bestimmung übergeben. Es gibt Pläne, den alten Betriebshof Kanalstraße für ein technisches Museum zu nutzen. Ein kleines Straßenbahnmuseum gibt es dort bereits.
Die im Bau befindliche Luckenberger Brücke wird im November 2001 fertig werden. Das Liniennetz kann dann wieder normal betrieben werden. Die bereits längere Zeit erwartete Einstellung der Überlandstrecke nach Plaue und Kirchmöser West ist für das Frühjahr 2002 angekündigt worden. Dann beginnt die Erneuerung der Brücke in Plaue. Wegen der drastisch zurückgegangenen Beförde-

Brandenburg. Die Straßenbahnlinie nach Kirchmöser West soll im Frühjahr 2002 eingestellt werden. Seegartenbrücke, 16. März 1999 (BS).

Brandenburg. Während der Sperrung der Luckenburger Brücke wurde eine Pendellinie 7 zwischen Hauptbahnhof und Kanalstraße betrieben. Bauhofstraße, 3. Mai 2001 (René van Lier).

Potsdam. Combino 411 erhielt durch Klebefolien die Farben der Basler Verkehrsbetriebe. Zur Eröffnung der schweizer Botschaft in Berlin fuhr die Bahn einige Tage auf dem Straßenbahnnetz der deutschen Hauptstadt. Potsdam Hauptbahnhof, 22. August 2001 (Rob Hemelrijk).

rungsleistungen lohnt es nicht mehr, auf der erneuerten Brücke wieder Straßenbahnschienen zu verlegen.
In den Wintermonaten 2000/2001 mußte wegen Problemen mit dem Wagenpark wieder einige Male ein Gotha-Zweiwagenzug eingesetzt werden. Als Reserve sind noch immer zwei betriebsfähige Triebwagen und zwei Beiwagen dieses Typs vorhanden.

Potsdam

Im Jahr 2000 fand in Potsdam die Bundesgartenschau (BUGA) statt. Das hatte auch Auswirkungen auf das Straßenbahnnetz. Es wurde eine Straßenbahnlinie zum Haupteingang der BUGA und zum Bornstedter Feld, Viereckremise, gebaut.
Die neue Strecke ist 1,3 km lang und zweigt von der im Dezember 1999 eröffneten Strecke nach Bornstedt, Kirschallee, ab. Die Linie wurde in neun Monaten gebaut und am 7. April 2001 eröffnet. Die Linie 90 vom Bahnhof Rehbrücke zum Platz der Einheit im Stadtzentrum wurde dabei zur Viereckremise verlängert. Zukünftig soll die Linie zur Siedlung Nedlitz weitergeführt werden. Während der BUGA verkehrte überdies eine Verstärkungslinie mit der Liniennummer 90E zwischen dem Hauptbahnhof und der Viereckremise, auf der wieder betriebsfähig gemachte KT4D-Wagen verkehrten. Dazu wurde am Hauptbahnhof eine Wendeschleife gebaut, die zum Teil die alte Strecke an der Schwimmhalle am Brauhausberg benutzt.
Am 8. April 2001 wurde das Liniennetz (wieder einmal) angepaßt.

Potsdam. Aus Anlass der BUGA, der Bundesgartenschau, wurde die Linie 90 zum Bornstedter Feld verlängert. Endstelle Viereckremise, 3. Mai 2001 (René van Lier)

Die Linien 91 und X93 entfielen. Zwischen der Glienicker Brücke und dem Bahnhof Rehbrücke verkehrt jetzt die Linie 93. In den Hauptverkehrszeiten fährt die Eillinie X91 zwischen Platz der Einheit und Bahnhof Rehbrücke. HVZ-Linie X98 fährt nur noch bis Am Stern, statt bis Kirchsteigfeld.
Im August und September 2000 wurden wieder vier Combinos ausgeliefert (409-412). Von Februar bis April 2001 folgten weitere vier Wagen (413-416). Sie wurden noch rechtzeitig zur Eröffnung der BUGA in Betrieb genommen. Wagen 411 hat mit Hilfe einer hellgrünen Folie die Farben des Basler Straßenbahnbetriebs BVB erhalten und fuhr in dieser Aufmachung Anfang Mai anläßlich der Eröffnung der Schweizer Botschaft zwei Wochen in Berlin. Danach kehrte der Wagen nach Potsdam zurück, wo er bis zum September in dieser Farbgebung fuhr. Die Auslieferung der neuen Combinos wird für die nächsten drei Jahre verschoben, da das Land Brandenburg fordert, daß die mit Landesmitteln modernisierten KT4D-Wagen mindestens zwanzig Jahre im Einsatz bleiben. Erst im Jahre 2005 werden wieder vier neue Wagen ausgeliefert.
Im Mai 2001 wurde der neue Betriebshof Babelsberg an der Wetzlarer Straße, an der Strecke nach Am Stern, in Betrieb genommen. Hier befindet sich seitdem auch die Hauptverwaltung des Betriebes. Der Betriebshof Holzmarktgasse wurde geschlossen, der Betriebshof an der Heinrich-Mann-Allee wird bis 2002 weiter genutzt.

Berlin

Die erste Reihe Zweirichtungswagen (Typ GT6-98ZR, Reihe 2001-2015) war im August 2000 vollständig geliefert worden. Sie werden vorwiegend auf der Linie 20 eingesetzt, die bei der Warschauer Brücke eine Kopfendstelle hat. Die Ablieferung der nächsten Reihe von 30 Zweirichtungswagen (Typ GT6-99ZR, Serie 2016-2045) begann im März 2001 mit dem 2018. Diese Wagen baut Bombardier in Görlitz. Nur die Endmontage erfolgt noch beim Adtranz in Hennigsdorf. Diese Straßenbahnwagen verfügen erstmals über eine Klimaanlage im Fahrgastteil. Das hat auch die äußere Gestaltung beeinflußt, denn die Klimaanlage verbirgt sich hinter einer breiten Dachleiste.
Die Fenster sind aus getöntem Glas und es werden vollverglaste Türen verwendet. Die BVG hat die Geräuschentwicklung des Tw 2018 beanstandet, weshalb die Ablieferung weiterer neuer Wagen verschoben wurde. Erst im August 2001 folgten die Triebwagen 2020-2022.
Am 29. September 2000 wurde die Linie 50 um 1,7 km von Buchholz Kirche nach Buchholz West verlängert. Die alte Endstelle Buchholz Kirche erhielt die neue Bezeichnung Französisch Buchholz.
In Köpenick verschwand zum 24. November 2000 das Straßenbahngleis mit der Gleisverschwenkung in der schmalen Grünstraße. Es wurde durch eine Strecke in der breiteren Müggelheimer Straße

Berlin. Die früher so eintönige Umgebung des Bahnhofs Friedrichstraße wird in hohem Tempo bebaut. 19. Juni 2001 (MT)

ersetzt. Nach einer Bauzeit von fast zwei Jahren fährt die Linie 68 jetzt über die neue Grünauer Brücke. Während der Bauarbeiten gab es eine Behelfsbrücke über den Teltowkanal. Der Bau der neuen Strecke vom S-Bahnhof Adlershof zur Wissenschaftsstadt wurde verschoben. Es wird jetzt erwogen, die Linie im Jahre 2002 einschließlich einer Verlängerung von Wissenschaftsstadt zum Bahnhof Schöneweide zu bauen.

In der Karl-Liebknecht-Straße im Zentrum der Stadt, nahe dem Alexanderplatz, begannen im August 2000 die vorbereitenden Arbeiten für die Direktverbindung zur Mollstraße. Diese Strecke wird im Sommer 2002 in Betrieb gehen. Dann wird auch die Verlängerung von der Eberswalder- zur Bernauer Straße in Betrieb genommen. Die Weiterführung dieser Strecke zum Nordbahnhof erfolgt 2004. Der zweigleisige Ausbau in der Dörpfeldstraße in Adlershof wird wegen der Beschwerden von Ladenbesitzern nicht weitergeführt. Es wurde eine neue Signalanlage bestellt, die den Straßenbahnverkehr regeln soll.

Das rechnergestützte Betriebsleitsystem funktioniert seit März 2001 für alle Linien. Das System liefert die Daten für die dynamische Fahrgastinformation an den Haltestellen, aber davon sieht man nur noch wenig. Die verbesserte Vorfahrtregelung der Straßenbahn an Verkehrsampeln zahlt sich allmählich aus. Auf den Linien 2, 3 und 4 konnte durch Fahrzeitverkürzung ein Umlauf eingespart werden.

Folgende Linien werden ganz oder teilweise von Niederflurwagen bedient: 5, 6, 7, 8, 13, 15, 17, 18, 20, 23, 24, 26, 50, 52 und 53. Auf dem Pankower Netz (Linien 50, 52 und 53) endete der Einsatz von TatraT6/B6-Wagen. Die überzähligen T6/B6-Wagen wurden im Betriebshof Marzahn abgestellt. Niederflurwagen 1001 machte Anfang 2001 einige Wochen lang Probefahrten in der polnischen Hauptstadt Warschau. Beiwagen 5564 wurde für den Fahrradtransport umgebaut und fährt seit dem 4. August 2001 auf der Linie 68.
Die Firma Windhoff in Rheine lieferte einen neuen Schleifwagen 4556, der im Februar 2001 in Betrieb genommen wurde. Es ist ein Vierachser mit einem zweiachsigen Schleifgestell zwischen den Drehgestellen. Die Schleifarbeiten wurden bis dahin Gleisbaufirmen übertragen, aber dies geschah immer erst, wenn die Wellenbildung zu schlimm geworden war. Mit dem neuen Schleifwagen können die Gleise kontinuierlich gepflegt werden. Es ist der einzige betriebsfähige Arbeitstriebwagen der Straßenbahn.
Zwischen dem 13. April und 28. Oktober 2001 konnte man freitags bis sonnabends eine Stadtrundfahrt mit der Straßenbahn machen. Niederflurwagen 1045 wurde mit der Werbung des Sponsors, der Brauerei Schultheiss, ausgestattet und hat kleine Tische für die servierten Erfrischungen erhalten. Montags bis freitags fährt die Bahn ohne Tische im Liniendienst.
Die Modernisierung des Betriebshofes Köpenick wurde am 11. Juli 2000 nach einer Bau- und Sanierungszeit von sieben Jahren abge-

Berlin. Die Erweiterung des Straßenbahnnetzes geht langsam voran. Die letzte Erweiterung, die Strecke nach Buchholz-West, wurde am 29. September 2000 in Betrieb genommen (Wilfried Wolf).

schlossen. Größere Fahrzeuginstandsetzungen finden jetzt nur noch in Betriebshöfen Marzahn und Lichtenberg statt.
Probefahrten einer Expressstraßenbahnlinie auf der Linie 28 brachten keinen Erfolg, so daß dieses Projekt zurückgestellt wurde.

Woltersdorf

Wegen Arbeiten am Gleisdreieck beim Betriebshof war das durchgehende Gleis im März 2001 einige Zeit außer Betrieb. Der Betrieb wurde über die beiden anderen Seiten des Dreiecks aufrecht erhalten, wobei die Wagen vor dem Betriebshof Kopf machen mußten. Die Verbindungskurve ab Betriebshof in Richtung Schleuse wird gewöhnlich einmal im Monat benutzt, um die Fahrzeuge zu wenden und so eine gleichmäßige Abnutzung der Radreifen zu erreichen.
Beiwagen kommen nur noch am Wochenende zum Einsatz, wenn es genügend Fahrgäste gibt.

Schöneiche

Die 70 % der Aktien der Schöneicher-Rüdersdorfer Straßenbahn, die im Besitz der Anliegergemeinden und der Kreise Märkisch-Oderland und Oder-Spree waren, sind von der Niederbarnimer Eisenbahn AG übernommen worden. Der Betrieb wird zwar Sparmaßnahmen durchführen, will aber die Straßenbahn weiter betreiben.
Im Zentrum von Schöneiche haben Gleis- und Straßenerneuerung in der Schöneicher Straße begonnen. Die enge Kurve zur Dorfstraße erhielt einen größeren Radius. Über den Fredersdorfer Mühlenfließ wurde eine neue Brücke gebaut. Anfang Januar 2001 wur-

Schöneiche. Mitte 2001 sind drei Gelenkwagen aus Heidelberg betriebsfähig. Einer von dreien fährt am 24. August 2001 am Brückenneubau in der Schöneicher Straße vorbei. (Rob Hemelrijk)

de der Verkehr dafür zwei Wochen unterbrochen. Auf der isolierten Strecke nach Rüdersdorf fuhren Zweirichtungswagen, darunter die zwei vorhandenen Heidelberger. Im Oktober 2001 wurden die Arbeiten fertiggestellt.
Im November 2000 kam mit Tw 228 der vierte Heidelberger an, der in Mannheim bereits in den neuen Farben lackiert worden war. Im Januar 2001 wurde der Wagen nach kleineren Umbauten als Tw 43 in Betrieb genommen. Die Arbeiten am Wagen 42 (ex 219) dauerten länger. Er konnte erst Anfang März dem Betrieb übergeben werden. Wagen 41 (ex 225) war im November 2000 zum zweiten Mal das Opfer eines schweren Auffahrunfalls. Der Wagen wurde von einer Güstrower Firma repariert. Tw 222 wurde verschrottet, nachdem alle verwendbaren Teile, darunter die Drehgestelle, demontiert worden waren.
Der nicht modernisierte KT4D 17 und der bei einem Auffahrunfall beschädige KT4D 20 (beide gebraucht aus Cottbus übernommen) wurden abgestellt.

Strausberg
Die Zukunft des Straßenbahnbetriebs ist nicht gerade rosig. Die Fahrzeugschuppen muß kurzfristig saniert oder ersetzt werden, und die S-Bahn wird im Laufe des Jahres 2001 ihren 20-Minutentakt vom Bahnhof Strausberg (dem Beginn der Straßenbahnlinie) nach Strausberg-Nord, in der Nähe des Zentrums, ausdehnen. Das wird sich bestimmt negativ auf die Fahrgastzahen der Straßenbahn auswirken.

Frankfurt (Oder)
Am Brandenburgtag 2000, dem 9. September 2000, fuhren zum ersten Mal seit vielen Jahren wieder zwei Tatra KT4D-Wagen in Doppeltraktion. Es wurden mehr als zweimal so viel Fahrgäste als an normalen Tagen befördert. Der Schülerverkehr nahm derart zu, daß Ende Dezember 2000 auf der Linie 4 erneut, zwei Umläufe in Doppeltraktion gefahren werden mußten. Da dabei der Stromverbrauch zu hoch war, stellte der Betrieb Anfang Februar 2001 diese Fahrten wieder ein. Seit dem werden in diesen Umläufen Niederflurwagen eingesetzt.

Cottbus
Seitdem am 30. August 2000 der zweigleisige Ausbau in der Berliner Straße für die Linie 3 nach Ströbitz abgeschlossen wurde, ist das Liniennetz wieder vollständig. Während der Arbeiten an der Endschleife Anger auf der Linie 1 in Schmellwitz im Oktober 2000 fuhren auf dieser Linie Heck an Heck gekuppelte KT4D-Wagen. Da fünf derartige Doppeltraktionen benötigt wurden und nur elf Wagen zur Verfügung standen, mußte Gotha-Zweiachser 92 bei Ausfällen ab und zu aushelfen.
Da sich die Einwohnerzahl der Stadt und die Zahl der Arbeitsplätze

Cottbus. Der nagelneue Niederflurwagen 1528 der Essener Verkehrsbetriebe wurde für Probefahrten eingesetzt. Stadtpromenade, 27. Juli 2001 (Stefan Spengler)

verringern, sinkt auch die Nachfrage nach Beförderungsleistungen. Eine Entwicklung, wie sie in mehreren Städten Ostdeutschlands zu beobachten ist. Im neuen Fahrplan vom 13. April 2001 wurden Zwölfminutentakt der Linien 1, 2 und 3 auf einen Viertelstundentakt verringert. Die Linie 2 wurde außerdem von Sachsendorf bis zur Schleife Thiemstraße verkürzt und die Linie 4E eingestellt. Die Linie 4 verkehrt als einzige noch alle zehn Minuten und hat in den Hauptverkehrszeiten sogar einen Siebeneinhalbminutentakt. Abends und am Sonntag Vormittag verkehren nur noch Busse.
Im Juni 2002 kam der fabrikneue Essener Niederflurwagen 1528 direkt vom Herstellerwerk in Bautzen zu Probefahren nach Cottbus. Der Wagen fuhr vom 30. Juni bis zum 30. Juli auf der Linie 4. Diese Aktion ist bemerkenswert, denn eine Bestellung neuer Wagen wird in den nächsten zehn Jahren nicht erwartet. Im Jahre 2000 wurden drei KT4D-Wagen (3, 4 und 16) an Liepaja in Lettland verkauft.

Nordhausen

Auf dem Bahnhofsvorplatz sind die Gleise der Harzquerbahn und der Straßenbahn jetzt miteinander verbunden. Die Zusammenarbeit erfolgt jedoch in viel geringerem Umfang, als die Vorhaben des Straßenbahnbetriebes erwarten ließen. Künftig sollen die Züge auf dem Bahnhofsvorplatz enden, um das Umsteigen auf die Straßenbahn zu erleichtern. Das ist natürlich keine schlechte Lösung, aber die Gleisverbindungen und die Probefahrten mit elektrischen Wagen, die ihre Strom von einem Dieselaggregat erhielten, ließen

mehr erwarten. Die Wendeschleife auf dem Bahnhofsvorplatz wurde zur Gleiserneuerung zwischen August 2000 und April 2001 stillgelegt. Auf der Linie 1 fuhren in dieser Zeit nur die ex-Freiburger Zweirichtungs-GT4. Der zweite Combino, Bambino 102, kam im November 2000 an. GT4-Tw 74 wurde daraufhin abgestellt und neben seinem Schicksalsgenossen Tw 73 auf der Abstellanlage Parkallee abgestellt. 2002 sollen die Combinos 103 und 104 geliefert werden.

Nordhausen. Mit der Gleiserneuerung auf dem Bahnhofsvorplatz wurde gleichzeitig das Verbindungsgleis zur Harzquerbahn eingebaut. 25. August 2001 (Guus Ferrée)

Dessau

Am 31. Oktober 2000 wurde mit einem kleinen Fest die Fertigstellung der Straßenbahnlinie Museum – Kleine Schaftrift gefeiert. Die neue Linie ist 3,1 km lang, ist mit einem Gleisdreieck am Museum an das Netz angeschlossen und wird von einem Wendedreieck an der vorläufigen Endstelle vervollständigt. Der zweite Bauabschnitt, der 3,2 km langen Strecke nach Zoberberg in Dessau-Alten, begann Ende November 2000. Mit dieser mehr als 6 km langen Strekke, die im Frühjahr 2002 in Betrieb genommen werden soll, wird sich das Liniennetz dann fast verdoppelt haben.

Am 5. November 2000 begann der normale Verkehr mit zwei Linien: Linie 2 (ab Kreuzbergstraße) und Linie 3 (ab Hauptbahnhof), welche beide im 20-Minutentakt verkehren. Die übrigen Linien sind 1 (Hauptbahnhof – Tempelhofer Straße) und 4 (Hauptbahnhof – Kreuzbergstraße) mit einem Zwanzig- bzw. Vierzigminutentakt. Mit

Dessau. Die vorläufige Endstelle Kleine Schaftrift der neuen Straßenbahnlinie ist ein Wendedreieck. 2002 wird die Linie verlängert. Lindenstraße, 31. Oktober 2000 (Wilfried Wolf).

Dessau. Im Zentrum, am Museum, zweigt die neue Strecke von dem bestehenden Straßenbahnnetz ab. Askanische Straße, 9. Juni 2001 (BS).

dieser für Dessau noch nie erreichten Anzahl von Linien ist es möglich, fast alle Ziele ohne Umsteigen zu erreichen.
An den Endstellen gehen die Wagen immer auf die nächste Linie über, so daß jeder Wagen hintereinander auf allen Linien verkehrt. Für diesen Umlaufplan werden werktags sieben, am Wochenende sechs Wagen benötigt. Ab Oktober 2001 sollen zehn neue Niederflurgelenkwagen von Bombardier in Bautzen ausgeliefert werden.

Halle

Am 20. August 2000 wurde die neue Linie nach Neustadt um drei Haltestellen zum westlichen Ende der Magistrale bis An der Eselsmühle verlängert. Hier wenden die Linien 2, 10 und 16 über einen einfachen Gleiswechsel. Wegen der beschränkten Kapazität der neuen Endstelle wendet die Linie 9 werktags weiterhin am S-Bahnhof Halle-Neustadt. Mitte 2001 wurden die beiden Anschlussstrecken zum Göttinger Bogen und zur Soltauer Straße in Betrieb genommen. Inzwischen war auch Baubeginn für den Streckenteil am Hauptbahnhof über den Franckeplatz nach Neustadt. Am Hauptbahnhof wird ein neuer Tunnel gebaut und die Trasse der Straßenbahn daran angepaßt.
Die Berliner Brücke, die die Gleisanlagen nördlich des Hauptbahnhofes kreuzt, ist derart baufällig, daß die Brücke Anfang Dezember 2000 für Straßenbahnwagen gesperrt werden mußte. Das Liniennetz mußte für längere Zeit geändert werden, weil der Bau einer

Halle. Die Straßenbahnlinie nach Neustadt wurde 2000 bis Eselsmühle verlängert. Ein Zweiwagenzug der Linie 2 wartet auf die Abfahrt. 9. Januar 2001 (Stefan Spengler).

Halle. Bei der laufenden Revision modernisierter Tatra-Triebwagen entfällt die vordere Einstiegstür. Merseburg, 9. Januar 2001 (Stefan Spengler).

neuen Brücke frühestens 2003 beginnen wird. Die Linie 7 endet jetzt an der Ostseite der Berliner Brücke mit Anschluß an eine Buslinie, die noch über die Brücke fahren darf. Die Tatra-Wagen auf dieser Linie fahren anschließend rückwärts zum Betriebshof Freiimfelder Straße zurück, wenden hier und fahren anschließend wieder rückwärts zur Brücke zurück. An der westlichen Seite endet die Linie 9 an der Steintor-Brücke, wo eine Weichenverbindung eingebaut wurde. Auf dieser Linie fahren Zweirichtungswagen. Wagen von und zum Betriebshof Freiimfelder Straße müssen jetzt über den Hauptbahnhof fahren.

Im Oktober 2000 kam der erste Wagen einer Nachfolgeserie von zehn Stück (Typ MGT6D Serie 651-660) an und im März 2001 wurde der letzte Wagen ausgeliefert. In der nächsten Zeit müssen die nicht modernisierten Tatra sowie die 38 GT4-Wagen (ex-Stuttgart) ersetzt werden, die noch bis 2005 eingesetzt werden sollen. Ende 2000 wurden bereits sechs Exemplare dieses Typs abgestellt.

Die 41 modernisierten Tatra-Dreiwagenzüge werden noch bis 2010 eingesetzt. Im Rahmen der laufenden Instandsetzungen dieser Fahrzeuge wird die vordere Einstiegtür entfernt. Die Wagen werden in den neuen HAVAG-Farben, hellgrau statt silbergrau, lackiert. Prototyp-Niederflurwagen 500 ist noch immer an die FGV vermietet und fährt in Alicante (Spanien). Im Oktober 2000 wurden achtzehn Tatra T4D-Triebwagen verkauft und mit der Bahn in die bulgarische

Halle. Die Berliner Brükke wurde wegen Baufälligkeit für den Straßenbahnverkehr geschlossen. Der Bau einer neuen Brücke beginnt frühestens im Jahre 2003. 17. Juli 1999 (René van Lier).

Hauptstadt Sofia überführt. Damit ist der Verkauf, von dem schon längere Zeit die Rede war, schließlich doch noch zustande gekommen. Tatra-Triebwagen 1112 wurde in ein Schleif- und Schmierfahrzeug umgebaut (neue Nummer 035) und im Januar 2001 in Betrieb genommen.

Leipzig

Am 2. Oktober 2000 wurde nach einer fast einjährigen Sperrung die erneute Hammerwerksbrücke in der Torgauer Straße ohne jede Feierlichkeit für die Straßenbahn in den Betrieb genommen. Die Linien 3 und 13 kehrten auf ihre alte Strecke zurück und die Linien 33 und 38 wurden eingestellt. Auch die Schleife Bautzener Straße wurde abgebaut. Am 19. Dezember 2000 wurde mit der Berliner Brücke im Norden der Stadt erneut eine Brücke dem Straßenbahnverkehr übergeben. Die Linie 1 kehrte auf ihre alte Strecke zurück, die Linie 17 wurde bis Mockau verkürzt und die Linie 31 wurde eingestellt.
Am 1. September 2000 wurde der erste Niederflur-Beiwagen (Typ NB4) der Reihe 901-938 ausgeliefert. Anfang Oktober wurde dieser neue Wagentyp zum ersten Mal im Linienverkehr hinter einem Tatra-Triebwagen eingesetzt. Im Jahre 2000 wurden noch weitere vierzehn ausgeliefert, der Rest soll bis Jahresende 2001 folgen. Im Mai mußte eine Anzahl von Wagen mit Bremsproblemen abgestellt werden.
Am 27. Mai 2001 fand eine große Umgestaltung des Netzes statt,

Leipzig. Bei der Reorganisation des Straßenbahnnetzes wurde die Linie 27 aufgegeben. Das Gleis wird jedoch weiter als Zufahrt zum Betriebshof Leutzsch genutzt. 7. April 2001 (Karel Hoorn).

bei der die Anzahl der Straßenbahnlinien auf fünfzehn verringert wurde. Zwölf Linien verkehren tagsüber alle 10 Minuten und abends und am Wochenende alle 15 Minuten. Von den übrigen Linien verkehren die Linien 13 und 18 alle 20 bzw. 30 Minuten. Im Jahre 2003 sollen diese beiden durch Buslinien ersetzt werden. Die Linie 18 (Taucha – Sommefeld) fährt tagsüber im Stundentakt, in den Hauptverkehrszeiten alle 30 Minuten und sonntags überhaupt nicht. Da die LVB für den Bau eines Teils dieser Strecke (der Strecke in der Portitzer Allee) noch vor einigen Jahren Fördergelder erhielt, kann diese Linie noch nicht eingestellt werden. Hier fahren nur Tatra-Solowagen.

Die Tangentiallinie 22 im Osten der Stadt (Thekla – Dölitz) und die Strecke Rathaus Leutzsch – Betriebshof Leutzsch der Linie 27 wurden aufgegeben. Beide Linien wurden durch Buslinien ersetzt. Wegen der Einstellung der Linie 22 entfiel der reguläre Linienverkehr in einem Teil der Richard-Lehmann-Straße und in der Hermann-Liebmann-Straße. Die Linie 16 wurde auf eine neue Strecke in der Zwickauer Straße an der alten Messe verlagert. Die Strecke durch die Arthur-Hofmann-Straße wurde stillgelegt und die Verbindungsweichen wurden ausgebaut. Das Gleis war erst vor einigen Jahren erneuert worden.

Die eingleisige Schleife durch einige Straßen am Betriebshof Angerbrücke entfällt und wird durch eine zweigleisige Strecke durch die Kuhturmstraße ersetzt. Die Arbeiten begannen im Juli 2001.

Leipzig

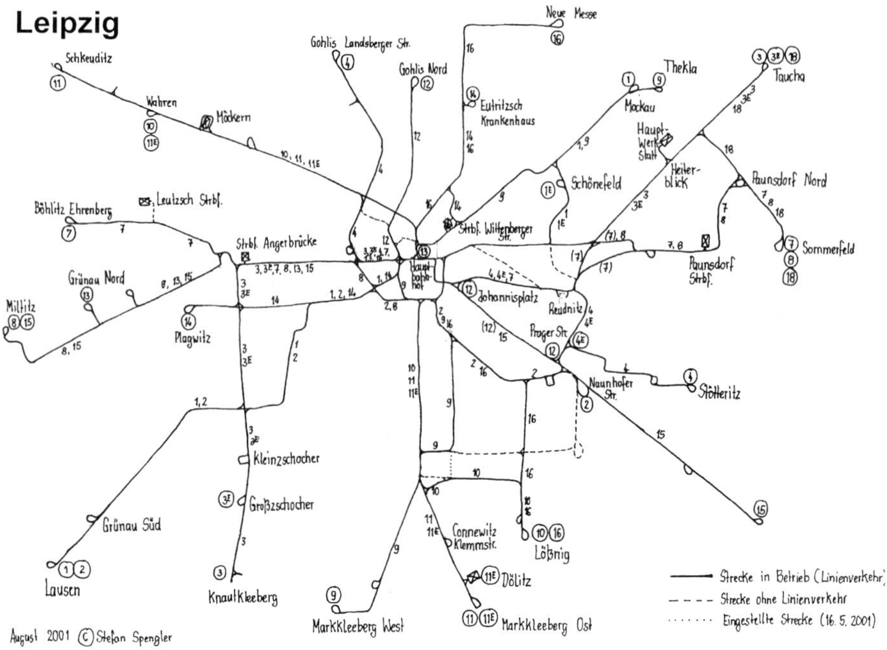

Das Liniennetz besteht jetzt aus den folgenden Linien:

Linie 1: Lausen – Hauptbahnhof – Schönefeld – Mockau
Linie 2: Lausen – Wilhelm-Leuschner-Platz – Naunhofer Straße
Linie 3: Taucha – Hauptbahnhof – Knautkleeberg
Linie 4: Gohlis, Landsberger Straße – Hauptbahnhof – Stötteritz
Linie 7: Böhlitz-Ehrenberg – Hauptbahnhof – Sommerfeld
Linie 8: Miltitz – Wilhelm-Leuschner-Platz – Sommerfeld
Linie 9: Markkleeberg-West – R.-Lehmann-Straße – Hauptbahnhof (Westseite) – Thekla
Linie 10: Lößnig – Hauptbahnhof – Wahren
Linie 11: Markkleeberg-Ost – Hauptbahnhof – Wahren – Schkeuditz
Linie 12: Gohlis-Nord – Johannisplatz
Linie 13: Grünau-Nord – Hauptbahnhof (Westseite)
Linie 14: Eutritzsch, Klinikum St. Georg – Hauptbahnhof (Westseite) – Plagwitz
Linie 15: Militzitz – Hauptbahnhof – Meusdorf
Linie 16: Messegelände – Hauptbahnhof – P.-Rosenthal-Straße –Lößnig
Linie 18: Taucha – Portitzer Allee – Sommerfeld

Leipzig. Für die Linie 16 wurde eine neue Strecke gebaut, die zum Teil über das alte Messegelände führt. Semmelweisstraße, 10. Juni 2001 (BS).

Leipzig. Die Linie 18 führt ein untergeordnetes Dasein. Die Linie verkehrt nur im Stundentakt. Damit wird jedoch verhindert, daß Subventionsgelder zurückgezahlt werden müssen. Otto-Schmidt-Straße, 21. Juni 2001 (Bert Gortemaker)

Leipzig. Die neuen Niederflurbeiwagen werden hinter modernisierten Tatra T4D-Triebwagen eingesetzt. Rossplatz, 10. Juni 2001 (MT).

Leipzig. Die Tatra-Arbeitswagen wurden in auffälligen grellen Farben lackiert. Portitzer Allee, 14. Juni 2001 (Stefan Spengler).

Für den alten Fahrplan waren tagsüber 149 Kurse nötig und in den Hauptverkehrszeiten 177. Jetzt sind das 150 bzw. 156 Kurse. Siebzehn nicht modernisierte Tatra-Wagen konnten dadurch abgestellt werden. Derzeit sind noch 72 T4D-Triebwagen und 28 B4D-Beiwagen betriebsfähig, sie werden vorzugsweise auf den Linien 2, 7, 8 und 11E eingesetzt. Zwanzig T4D-Triebwagen und fünfzehn B4D-Beiwagen bilden eine Reserve. Zahlreiche modernisierte T4D- und B4D-Wagen erhalten derzeit eine Hauptuntersuchung. Die Umlakkierung der Wagen in melonengelb/enzianblau geht so schnell voran, daß zum Jahresende 2001 keine cremefarbenen Tatras mehr eingesetzt werden sollen.

Gotha

Im September 2000 war Baubeginn einer Abzweigung in Sundhausen, welche zu einem neuen Krankenhaus führt. Die Trasse ist inzwischen fast fertig. Die neue Linie ist eingleisig und kann sowohl von Gotha wie auch von Leina aus angefahren werden. Der Abzweig wird voraussichtlich im Frühjahr 2002 mit der Eröffnung des Krankenhauses in Betrieb genommen. Die Wagen der Linie 1, die jetzt in Sundhausen enden, haben eine so lange Wartezeit, daß sie ohne einen zusätzlichen Umlauf zur neuen Endstelle weiterfahren können.

Nach Zunahme der Fahrgastzahlen werden einige Umläufe auf der Waldbahn nach Tabarz (Linie 4) wieder von Tatra-Wagen in Doppeltraktion gefahren. Man überlegt den Kauf von gebrauchten Trieb-

Gotha. Zur Ergänzung des Wagenparks wird die Beschaffung von Gebrauchtwagen erwogen, darunter KT4D aus Erfurt. Friedrichroda, 6. April 2001 (Karel Hoorn).

wagen. Es wird sowohl die Übernahme der in Freiburg nicht mehr benötigten Achtachser 201-204, als auch die Übernahme von KT4D-Wagen aus Erfurt erwogen. Gotha-Gelenkwagen 214 wurde im Dezember 2000 nach Erfurt überführt, so daß mit Tw 215 nur noch ein Vertreter dieses Typs vorhanden ist.

Erfurt

An der 1,5 km langen Verlängerung von der ega zur Messe wurde ab Mitte 2000 energisch gearbeitet. Durch die günstigen Witterungsbedingungen im letzten Winter konnte die Linie statt im November am 18. August 2001 in Betrieb genommen werden. Die Schleife an der ega ist entfallen. Der Wiederaufbau der im Jahre 1978 stillgelegten Strecke Domplatz – Brühl – Benaryplatz begann im November 2000. An beiden Enden sind die benötigten Weichenverbindungen bereits eingebaut worden. Die Eröffnung ist für den November 2001 vorgesehen. Dann kann die Straßenbahn nach einer Pause von mehr als 23 Jahren wieder durch den Brühl fahren. Über die neue Strecke wird die Linie 4 verkehren und einige Linien werden ihre Endstelle tauschen. So soll das neue Netz aussehen:
Linie 1: Bundesarbeitsgericht – Grubenstraße (Zehnminutentakt)
Linie 2: Ringelberg – Messe (Zehnminutentakt)
Linie 3: Europaplatz – Windischholzhausen (Siebeneinhalbminutentakt)
Linie 4: Thüringenhalle – Hauptfriedhof (Zehnminutentakt)
Linie 5: Steigerstraße – Zoopark (Zehnminutentakt)
Linie 6: Wiesenhügel – Rieth (Siebeneinhalbminutentakt)
Linie 7: Messe – Stadtpark, nur bei Veranstaltungen zur Messe

Die Schleife an der Endstelle Ulan-Bator-Straße ist vollständig erneuert worden. Dabei wurden auch die Umsteigemöglichkeiten zum Bus verbessert und der Name in „Europa-Platz“ geändert.
Die geplante Stadtbahn vom Hauptfriedhof nach Bindersleben nimmt schon Gestalt an. Die Vorbereitungen sind jetzt soweit fortgeschritten, daß der Bau im April 2002 beginnen kann. Die Eröffnung der 3,5 km langen Linie wird im Laufe des Jahres 2004 erfolgen. Bis Mitte 2001 wurden sieben der bestellten Combinos (621-627) geliefert, so daß dreizehn KT4D-Wagen abgestellt werden konnten. Im Jahre 2002 folgen wieder sieben Combinos, diesmal in der kurzen dreiteiligen Version, und im Jahre 2004 werden noch drei lange und fünf kurze Triebwagen folgen.
Die insgesamt zwölf dreiteiligen Wagen werden beschafft, um damit Züge unterschiedlicher Kapazität bilden zu können. Seit dem November 2000 werden auch Niederflurwagen in Doppeltraktion auf der Linie 3 eingesetzt, auf der bisher KT4D-Triebwagen in Dreifachtraktion verkehren.
Nach Ablieferung der neuen Wagen können erneut Tatra-Wagen abgestellt werden. Es werden dann noch 76 KT4D-Wagen benötigt, 63 modernisierte und dreizehn nicht modernisierten Triebwagen aus dem Jahre 1990. KT4D-Tw 430 wird als Kurvenschmierwagen eingesetzt.

Erfurt. 2000 wurde die Linie 2 ab Stadtmitte nach Ringelberg verlängert. Im Jahre 2001 folgt das andere Ende der Linie von der ega zur Messe. Ringelberg, Walter-Gropius-Straße, 9. Mai 2001 (BS)

Erfurt. Tatra KT4D-Wagen 430 wurde zum Gleisbogenschmierwagen umgebaut und entsprechend gekennzeichnet. Nordhäuser Straße, 25. April 2001 (René van Lier).

Jena

Zwischen dem 6. und 8. April 2001 wurde das einhundertjährige Bestehen der elektrischen Bahn mit einer Parade von historischen Straßenbahnwagen und einer Ausstellung gefeiert. Aus Zwickau kam der historische Triebwagen 7, aus Plauen die „Bier-Elektrische" (Gotha-Triebwagen 78) und aus Naumburg Beiwagen 133. In den Betriebshöfen gab es „Tage der offenen Tür". Dabei wurden unterschiedliche Wagen im Pendelverkehr eingesetzt. Der Betriebshof Burgau wurde im Dezember 2000 um eine neue Halle erweitert, in der die Werkstatt für die Niederflurwagen untergebracht ist. Die Werkstatt für die Gotha-Wagen bleibt in der alten Remise Dornburger Straße, auch weil die Außerdienststellung dieser Zweiachser jetzt wirklich abzusehen ist. Ab Mai 2002 sollen die vierzehn nachbestellten Niederflurwagen ausgeliefert werden. Sind sie dann 2003 alle im Betrieb genommen, werden die Zweiachser nicht mehr benötigt. Insgesamt gibt es dann 33 Niederflurwagen, sechs weniger als man zunächst geplant hatte.

Die Gleiserneuerung auf der Linie 2 nach Jena-Ost ist fertiggestellt. Zum neuen Fahrplan im August 2001 wird die Linie sonnabends und sonntags durch eine nach Jena-Ost weitergeführte Linie 4 ersetzt. Sobald genügend Niederflurwagen zur Verfügung stehen, wird auch werktags so verfahren. Der neue Fahrplan bedeutete auch, daß auf allen Linien nur noch aller 20 statt aller 15 Minuten gefahren wird.

Jena. Der Straßenbahnbetrieb feierte sein hundertjähriges Bestehen mit einer Parade von historischen Fahrzeugen. 6. April 2001 (Wouter van Beek).

Gera

Man arbeitet ständig daran, die elektrische Ausrüstung der KT4D durch eine modernere energiesparende Choppersteuerung von Alstom (dem Konzern, der die Fertigung elektrischer Ausrüstungen von CKD-Tatra übernommen hat) zu ersetzen. Im Jahr 2000 wurden fünfzehn Wagen umgebaut und 2001 folgten weitere vier. Trotz der guten Erfahrungen mit den Tatra-Tw 349 bei dem ein Niederflurmittelteil eingebaut wurde, konnte noch keine Serienbestellung erfolgen. Der Straßenbahnbetrieb wollte weitere neun Mittelteile bestellen, aber das ist durch den Konkurs der CKD Tatra-Werke unsicher geworden. Die Lieferung durch einen anderen Hersteller wird bestimmt teurer. Trotzdem spricht man jetzt von einer Lieferung von drei Mittelteilen durch ein Konsortium von Bombardier und Alstom. KT4D-Tw 319 wurde abgestellt und über einen Zwischenhändler nach Liepaja in Lettland verkauft.

Die Pläne für den Bau einer neuen Linie 1 zum Hauptbahnhof haben einen neuen Aufschwung erhalten. Der Stadtrat will den ursprünglichen Plan für die Strecke Hauptbahnhof – Wintergarten – Zwötzen um einem wichtigen Teil erweitern. Ab Hauptbahnhof soll die Linie nach Untermhaus verlängert werden, wodurch sie eine Gesamtlänge von 7 km haben wird. Die Zeitplanung sieht wie folgt aus:

2003 wird der erste Streckenabschnitt zwischen der Innenstadtschleife und dem Hauptbahnhof in Betrieb genommen. Im Jahre

Gera. Durch den Konkurs von CKD-Tatra konnte noch keine Bestellung von Mittelteilen für die Tatra-Wagen erfolgen. 4. August 2001 (Hans Oerlemans).

2004 folgt der erste Abschnitt der südlichen Strecke bis Wintergarten, 2005 die Strecke nach Untermhaus, 2006 wird das Dorfzentrum von Zwötzen erreicht.
Die Linie soll eine wichtige Rolle spielen in den Beförderungsleistungen zur Bundesgartenschau, welche hier im Jahre 2007 veranstaltet wird.

Zwickau
Bei allen KT4D-Triebwagen soll die elektrische Ausrüstung mit einer neuen und energiesparenden Choppersteuerung von Alstom aus der Tschechischen Republik (dem Nachfolger von CKD Tatra) modernisiert werden. Als erster verließ Tw 930 im Januar 2001 die Werkstatt, dem die Tw 929, 933, 937 und 942 folgten. Bis zum Jahr 2003 werden auch die übrigen 22 Wagen umgebaut.

Plauen
Im Dezember 2000 wurde ein rechnergestützte Betriebsleitsystem in Betrieb genommen. Alle Straßenbahnwagen und Busse sind mit diesem System ausgerüstet, das nicht nur die Weichen, die Zielangaben und die Ankündigung der Haltestellen in den Wagen betätigt, sondern auch an den Halte-stellen die Wartezeit anzeigt. An 26 Haltestellen ist eine derartige Informationstafel aufgestellt worden. Die Bauarbeiten im Bereich der zentralen Haltestelle „Tunnel“ sorgten mehrmals für Unterbrechungen des Straßenbahnverkehrs, die einige Tage, aber auch, wie beispielsweise zwischen Mitte Oktober und Mitte November 2000, einige Wochen dauerten. Auf der Linie 3 gab es damals zwischen Neundorf und Albertplatz Bus-Ersatzverkehr. Im Juli 2001 konnten die neuen Gleise in Betrieb genommen werden.

Chemnitz
Tw 910 wurde Ende 2000 als letzte der bestellten Zweirichtungs-Variobahnen ausgeliefert. Es befinden sich jetzt vierzehn Einrichtungswagen (Prototyp 601 und 602-614) sowie zehn Zweirichtungswagen (901-910) im Einsatz. Die Anzahl der eingesetzten nicht modernisierten Tatra-Triebwagen ging stark zurück. Einige Heck an Heck gekuppelte Wagen werden für den Fall einer Streckensperrung als Reserve vorgehalten. Zwanzig T3D-Wagen wurden im September 2000 nach Ufa in Rußland verkauft. Im April, Mai und Juni 2001 folgten insgesamt noch einmal zehn Stück. Im Januar 2001 wurden vier beschädigten T3D-Triebwagen und achtzehn B3D-Beiwagen verschrottet. Weitere 21 Triebwagen stehen noch zum Verkauf bereit.
An der Endstelle Alt-Chemnitz hat man mit dem Bau einer Verbindung zwischen dem Straßenbahnnetz und der Eisenbahnlinie begonnen. Während der Arbeiten war die Schleife gesperrt und auf der Linie 6 wurden Zweirichtungswagen eingesetzt. Im Herbst des Jahres 2001 beginnt die Elektrifizierung der Eisenbahnstrecke. Im

Chemnitz. Die Arbeiten zur Verlängerung der Linie 4 in das Zentrum sind im vollen Gange. Die Wagen können die vorläufige Endstelle gerade noch erreichen. Stollbergstraße, 10. Mai 2001 (BS).

Laufe des Jahres 2002 sollen die Straßenbahnwagen bis Stollberg weiter fahren.

Die CVAG hat ab Juli 2001 auch die Betriebsführung auf der Eisenbahnlinie Chemnitz Hauptbahnhof – Hainichen (KBS 516) und Stollberg – Glauchau (KBS 523) von der DB übernommen. Vorläufig werden auf diesen Verbindungen Busse eingesetzt. Es gibt noch keine Entscheidung, wie der Betrieb zukünftig aussehen wird, aber eine Elektrifizierung und einen Betrieb mit Straßenbahnwagen sind nicht vorgesehen.

Die Arbeiten an der Verlängerung der Linie 4 von Am Flughafen zum Goetheplatz sind in vollem Gange. Im Dezember 2001 soll die Strecke in Betrieb genommen werden. Im Jahr 2003 folgt der restliche, etwa 1 km lange Abschnitt zum Stadtzentrum.

Am 25. Februar 2001 wurden ein neues Liniennetz und gleichzeitig Linienfarben eingeführt.

Linie 1: (rot) Hauptbahnhof – Roter Turm – Zentralhaltestelle – Schönau

Linie 2: (blau) Hauptbahnhof – Brückenstraße – Zentralhaltestelle – Bernsdorf

Linie 4: (violett) Hutholz – Am Flughafen

Linie 5: (grün) Hutholz – Annenstraße – Zentralhaltestelle – Bahnhofstraße – Gablenz

Linie 6: (gelb) Hauptbahnhof – Roter Turm – Zentralhaltestelle – Bahnhofstraße – Alt-Chemnitz.

Chemnitz. Ausgemusterte Tatra T3D-Wagen wurden nach Ufa in Rußland verkauft. 1. Juni 2001 (Wilfried Wolf).

Grundlage ist ein Zehnminutentakt. Nur die Linie 4 wird aller 15 Minuten gefahren. Hutholz ist die neue Bezeichnung der früheren Endstelle Wohngebiet Fritz Heckert.
Am 10. Juli 2001 wurde dem Nachtnetz zwei Straßenbahnlinien angepaßt, mit Abfahrtzeiten um 01.11, 02.22, 03.33 und 04.44 Uhr und mit Anschluss an die Nachtbuslinien 13 und 14. Ursprünglich befürchtete man, daß die CVAG den Straßenbahnbetrieb in den späten Abendstunden reduzieren oder sogar ganz einstellen wollte. Die Nachtlinien sind Linie 11 (Hutholz – Gablenz) und Linie 12 (Bernsdorf – Zentralhaltestelle).

Dresden
Das bemerkenswerteste Ereignis hier ist die Wiedereinführung des Gütertransportes auf der Straßenbahn. Für die Überführung von Autoteilen zur „Gläsernen Manufaktur", der Fabrik von Volkswagen am Straßburger Platz am Rande des Stadtzentrums, hat man auf die Straßenbahn gesetzt. Die Stadtverwaltung hatte dem Bau einer Niederlassung von Volkswagen in dieser exklusiven Lage nur zugestimmt, wenn die Stadt nicht durch viele LKW-Transporte belastet würde. Die Güterstraßenbahnen pendeln zwischen einem neuen Logistikzentrum in Friedrichstadt und dem Werk auf der Strecke der Linie 2. Im Herbst 2000 wurden die Anschlussgleise verlegt und die Schalker Eisenhütte Maschinenfabrik GmbH in Gelsenkirchen lieferte zwölf vierachsige Gütertriebwagen.
Mit diesen Triebwagen sind zwei fünfteilige Einheiten zusammen

Dresden. Für die Belieferung des VW-Werkes im Zentrum der Stadt wurden besondere Güterstraßenbahnwagen beschafft. Wilsdruffer Straße, 10. Mai 2001 (BS).

gestellt worden, die aus je zwei Kopftriebwagen mit Führerstand und drei motorisierten Zwischenwagen bestehen. Ein zusätzlicher Kopfwagen und ein Zwischenwagen bilden die Reserve. Alle Wagen haben je zwei Drehgestelle von Tatra-Wagen, die überholt wurden und neue Drehstrommotoren erhielten. Da alle Drehgestelle motorisiert sind, ergibt sich eine Gesamtleistung von 900 kW. Ein zwanzigachsiger Fünfwagenzug ist fast 60 m lang und wiegt leer 90 Tonnen. Sobald das Werk vollständig in Betrieb ist, gibt es 36 Fahrten pro Tag. Es wird also etwa alle 40 Minuten gefahren. Es ist noch nicht klar, ob zwei Güterstraßenbahnen ausreichen, um diesen Umlaufzeiten mit be- und entladen zu erreichen. Es ist in jedem Fall möglich, noch einen weiteren Zug einzusetzen. Am 1. März 2001 begann der Probebetrieb mit vier Fahrten pro Tag. Später wurden täglich bis zu sieben Fahrten, hauptsächlich für die Einweisung des Personals durchgeführt, denn die Fabrik wurde noch nicht in Betrieb genommen. Für Straßenbahnfreunde ist es günstig, daß die Gütertriebwagen auf den Informationstafeln an den Haltestellen meist längere Zeit vorher als „VW-Bahn“ angekündigt werden.

Die einzigen zwei Dreiwagenzüge vom Typ T6 bei den DVB sind abgestellt worden. Ein Zug war für Stadtrundfahrten, der andere im normalen Linienverkehr eingesetzt worden. Dieser Zug fuhr am 27. Oktober 2000 zum letzten Mal im normalen Verkehr auf der Linie 3. Einer der Triebwagen des Stadtrundfahrtenzuges ist dem Museum übergeben worden. Er war einmal der erste Tatra T6-Triebwagen für die ehemalige DDR. Seit dem 1. September 2000 gibt es keine

Dresden. Die ersten der siebenteiligen Gelenkwagen NGT8DD sind in Betrieb genommen. Grunaer Straße, 8. September 2001 (Frits van der Gragt).

Dresden. Die Niederflurwagen fahren gegenwärtig auch auf der Überlandlinie 4 nach Weinböhla. Gerhard-Hauptmann-Straße, 5. Juli 2001 (Paul van Baarle).

nicht modernisierten Tatra B4D-Beiwagen mehr. Mit Ausnahme des Museumsbeiwagens 272 105 sind sie entweder verkauft oder verschrottet worden. Auch die Anzahl der nicht modernisierten Tatra T4D-Triebwagen ging zurück. Im November 2000 sind zwölf T4D-Triebwagen und vier B4D-Beiwagen nach Galati in Rumänien verkauft worden. Im Januar 2000 verließen noch einmal fünfzehn Triebwagen und ein Beiwagen die Stadt, diesmal nach Botosani. Im März 2001 wurden sechs abgestellte Triebwagen und 23 Beiwagen verschrottet. Erstmals befand sich darunter mit Tw 201 002, der einen Auffahrunfall hatte, auch ein modernisierter Tatra.
Auf der Linie 2 werden wieder Tatra-Dreiwagenzüge eingesetzt. Die Niederflurwagen fahren dadurch nicht mehr in Doppeltraktion. Die Niederflurwagen findet man inzwischen auch auf Linie 4, sogar auf den Überlandfahrten nach Weinböhla.
Seit Juni 2001 werden die bestellten 23 siebenteiligen Wagen (2701-2723) ausgeliefert. Sie sind fast vollständig identisch mit den 60 fünfteiligen Wagen. Im Oktober wurde der erste auf der Linie 2 eingesetzt. Die Erneuerung des Fahrzeugparks wird unaufhaltsam weiter geführt, denn inzwischen sind weitere Wagen bestell worden. Diesmal ein anderer Typ als die heutigen Niederflurwagen. Die zwanzig neuen Wagen werden aus drei vierachsigen Einheiten auf je zwei Drehgestellen bestehen, zwischen denen sich zwei schwebende Wagenkästen befinden. Vier der sechs Drehgestelle werden angetrieben. Man kann diesen Typ als eine Weiterentwicklung der Niederflurwagen aus Kassel und Essen betrachten. Die 45 m langen, fünfteiligen Wagen, die ab Ende 2002 ausgeliefert werden, erhalten 118 Sitz- und 159 Stehplätze. Es gibt ein Vorkaufsrecht auf 25 gleiche Wagen und auf 25 Wagen einer kürzen Ausführung mit einer Länge von 30 m. Äußerlich werden die Wagen den vorhandenen Wagen sehr ähnlich sein. Sobald sie um das Jahr 2008 herum abgeliefert werden, können auch die modernisierten Tatrawagen abgestellt werden.
Gleisbauarbeiten führten an verschiedenen Stellen zu Unterbrechungen des Straßenbahnverkehrs.
Der Straßenbahnbetrieb konnte bei der Erneuerung der Gleise im Stadtzentrum davon profitieren, daß am 3. Oktober 2000 das zehnte Jubiläum der deutschen Wiedervereinigung gefeiert wurde, denn in den vorangegangenen Monaten wurde Geld zur Verbesserung der Infrastruktur zur Verfügung gestellt.
Im ersten Viertel des Jahres 2001 wurden die Gleise in der Fritz-Löffler-Straße erneuert, an der Südseite der Unterführung unter dem Hauptbahnhof. Dabei wurden die Straßenbahngleise auf einer eigenen Trasse in Seitenlage verlegt. Die Linie 3 endete vorübergehend in einer Gleisverbindung in der Unterführung am Bahnhof. Die anderen Straßenbahnlinien wurden umgeleitet. Seit Ende März 2001 ist die Straßenbahnverbindung an der Nordseite des Hauptbahnhofs für mindestens acht Monate für den Bau einer unterirdischen Parkgarage gesperrt. Die Linien 7 und 10 müssen umgeleitet werden.

Dresden. Für die Instandhaltung der Straßenbahngleise ist Schleiftriebwagen 201 001 beschafft worden. Wilsdruffer Straße, 11. Juni 2001 (BS).

Auch die Strecke der Linie 1 in der Hamburger Straße ist für längere Zeit außer Betrieb. Es wird u.a. eine neue Brücke über die Weißeritz gebaut. Diese Arbeiten sollen bis zum April 2002 dauern. Die Linie 1 wird in dieser Zeit bis zur Endstelle Waltherstraße verkürzt. Am S-Bahnhof Mitte wurde die Lage der Gleise geändert. Die Wagen der Linien 1 und 2 werden durch die Jahnstraße fahren, statt durch die Schweriner Straße. Durch diese Arbeiten wurde die Länge der Strecken mit einer Geschwindigkeitsbeschränkung von 60 km im Jahre 1990 auf 12 km Anfang des Jahres 2001 reduziert. Insgesamt wurden 45 km Gleise auf eigener Trasse verlegt.

Görlitz

Die Stadtwerke, zu denen der Verkehrsbetrieb gehört, haben als erster Kommunalbetrieb in Deutschland 74,9 % der Aktien an das französische Unternehmen Vivendi verkauft. Dessen Tochterunternehmen Connex übernimmt jetzt den Betrieb von Straßenbahn und Bus. Im Kaufvertrag wurde der Fortbestand der Straßenbahn festgelegt. Es gibt auch Festlegungen zu den geplanten Erweiterungen, wie den Abzweig in Königshufen und die über die Linien nach Rauschwalde und zur Stadthalle, die später in das polnische Zgorzelec verlängert werden sollen. Einen konkreten Zeitplan gibt es jedoch nicht.
Der Sechsachser 22, einer der aus Mannheim übernommenen Zweiachser, wurde im November 2000 als Partywagen mit dem Namen „Hopfen-Express" in Betrieb genommen. Der dunkelblau lackierte Wagen zeigt Stadtansichten von Görlitz. Der Wagen ist zwischen den Bänken mit Tischen ausgerüstet worden und hat eine

Görlitz. Die aus Cottbus übernommenen Tatra KT4D-Wagen 17-19 werden überholt und neu lackiert. 26. Juni 2001 (Bert Gortemaker).

Bar mit einer entsprechenden Ausrüstung erhalten. Sponsor der Bahn ist die örtliche Landskronbrauerei. Von den beiden anderen Wagen aus Mannheim ist Tw 20 in der Schleife an der Endstelle Königshufen wegen abgelaufener Fristen abgestellt worden, während Tw 21 als Reserve genutzt wird.
Im Oktober 2000 kehrte der KT4D-Triebwagen 19 nach Modernisierung aus Prag zurück. Damit sind die drei aus Cottbus übernommen Wagen 17-19 an die übrigen Wagen angepaßt worden und können nun weitere fünfzehn Jahre betrieben werden. Die Hauptuntersuchungen der vorhandenen Wagen wurde der Werkstatt der Cottbusser Straßenbahn übertragen. Inzwischen wurden die Wagen 5, 15 und 16 zur Untersuchung und Lackierung dorthin überführt worden.
Mitte August 2001 war der Baubeginn der neuen Strecke nach Königshufen. Im Sommer 2002 soll der erste Abschnitt in Betrieb genommen werden. In der zweiten Phase soll die Linie zum Klinikum weitergeführt werden, wo es einen Anschluß an die bestehende Linie 2 zur Schleife Virchowstraße geben soll. Die derzeitige Strecke der Linie 2 wird dann aufgegeben.

Bad Schandau

Von der Kirnitzschtalbahn gibt es nichts Neues zu berichten. In der Sommersaison werden, wie üblich, drei Züge eingesetzt, die meistens mit zwei Beiwagen fahren. Im Winter genügt ein solo fahrender Triebwagen. Es gibt keine Gründe anzunehmen, daß sich hier in absehbarer Zeit etwas ändert.

Österreich

Wien

Am 22. September 2000 sind am internationalen autofreien Tag zum ersten Mal Niederflurwagen des Typ B (die längere Version) auf den Linien 1 und 2 eingesetzt worden. Damit gab es zum ersten Mal Niederflurwagen im normalen Verkehr auf dem Ring. Doch das bedeutet nicht, daß die Probleme mit den ULF-Niederflur-wagen jetzt gelöst sind.
Um die Lokalpolitiker in Floridsdorf über die nicht realisierte Verlängerung der U-Bahnlinie 6 nach Stammersdorf (eine Sparmaßnahme) hinwegzutrösten, sollten Anfang Oktober 2000 Niederflurwagen des Typs B auf der Linie 31 (Schottenring – Stammersdorf) verkehren. Der Betriebshof Floridsdorf ist deshalb im Laufe des Jahres 2000 für den Einsatz von Niederflurwagen angepaßt worden. Im Juli 2000 sind jedoch in Österreich neue gesetzliche Vorschriften für Straßenbahn- und U-Bahn in Kraft getreten. Neue Straßenbahnwagen müssen jetzt über ein A-Spitzensignal und Außenspiegel verfügen. Bis dahin fuhr man in Wien und Graz ohne Spiegel, nach dem Motto, daß ein Straßenbahnfahrer, der keine Sicht nach hinten hat, auch nicht für Unfälle, die hinter seinem Rücken passieren, verantwortlich sein kann. Es kostete große Mühe, ein Spiegelmodell zu finden, daß sowohl eine gute Sicht nach hinten bot, als auch innerhalb des Umgrenzungsprofils angebracht werden konnte. Weiter sind nach der Tunnelkatastrophe mit der Seilbahn in Kaprun im November 2000 die Normen für die Brandsicherheit verschärft worden. Hierbei wurden teils unrealistisch schwere Forderungen an die neuen Wagen gestellt. Weil die ab Juli 2000 gelieferten und für die Linie 31 bestimmten Wagen noch nicht zugelassen waren, konnten erst ab 23. Dezember 2000 ULF-Wagen von Floridsdorf aus eingesetzt werden. Zunächst waren das sechs vom Betriebshof Favoriten ausgeliehene Wagen, was zur Folge hatte, daß auf der Linie 6 wieder mehr klassische Gelenkwagen fuhren. Erst nach einem Einspruch des Gemeinderates im April 2001 wurden die ULF-Wagen 639 - 654 zugelassen. Sie wurden dem Betriebshof Floridsdorf für den Einsatz auf der Linie 31 zugewiesen. Im Laufe des Jahres 2001 sind die kurzen Niederflurwagen A12 bis A29 ausgeliefert worden. Sie sind für den Einsatz auf der Linie 46 vorgesehen und in der Remise Ottakring beheimatet. Zunächst mußten auf dieser Linie drei vom Betriebshof Favoriten geliehenen A-Wagen eingesetzt werden, aber schon nach einigen Tagen gab die Aufsichtsbehörde die Erlaubnis, die neuen A-Wagen im Fahrgastverkehr einzusetzen. Seit dem September 2001 kann man diese Wagen auch auf der Linie J beobachten. Die kurzen A-Wagen verkehren jetzt auf den Linien 46, 65 und J. Die langen B-Wagen auf den Linien 6, 31 und

Wien. Der nach Rotterdam verkaufte E_1-Triebwagen 4765 (mit c_3-Beiwagen 1266) fuhr am 21. Mai 2001 noch auf der Linie 25; Erzherzog-Karl-Straße (Ernst Lassbacher).

Wien. Die Einführung neuer gesetzlicher Bestimmungen für Straßenbahnen führte zu Verzögerungen beim Einsatz neuen Wagenmaterial auf der Linie 31. Brünner Straße, 1. Mai 2001 (Ernst Lassbacher).

Wien. Das Wiener Straßenbahnmuseum hat aus Teilen verschiedener Wagen einen Triebwagen des Typs D aufgebaut. Ludwig Koeßlerplatz, 9. Juni 2001 (Gerard Stoer).

67. Werktags verkehren zusätzlich zu den Niederflurwagen die Straßenbahnzüge $E_1 + c_3$ und $E_2 + c_5$.
Durch die Auslieferung neuer Wagen wurde viel altes Fahrzeugmaterial überflüssig. Vor allem der Bestand an Gelenkwagen vom Typ E aus den Jahren 1959 bis 1966 wurde stark reduziert. Zehn von SGP im Jahre 1971 gebaute Wagen vom Typ E_1 sind an den Straßenbahnbetrieb von Rotterdam verkauft worden. Prototyp E 4459 (ex 4600, ex 4440, ex 4402) von 1959 wurde zum Arbeitswagen EW 6600 degradiert. Als Auftakt zu den Kommunalwahlen im März 2001 fuhr er als Werbewagen für die Grünen. Man kann den Wagen jetzt als Werbewagen mieten.
Von der ersten Serie Großraum-Beiwagen c_2 (1001-1090, gebaut von 1954 bis 1959) und von den Typen NG (Arbeitswagen 6883-6897, vormals zweiachsige Stadtbahn-Triebwagen Typ N_1 Baujahr 1954 bis 1961) und sl (vierachsige Niederbordwagen, Baujahr 1916 bis 1924) sind die letzten Exemplare abgestellt worden.
Am 2. Dezember 2000 wurde die U-Bahnlinie U3 von Erdberg nach Simmering verlängert. Dies bedeutete das Ende der Straßenbahnlinie 72 (Zentralfriedhof – Schlachthausgasse), die als Anschlußlinie für die U-Bahn fungierte. Als Ersatz und als Anschlußlinie zur U-Bahnstation Simmering wurde die Straßenbahnlinie 6 zum Zentralfriedhof verlängert. Bis dahin verkehrte die Linie 6 nur anläßlich

Allerheiligen und zu Weihnachten bis dort hin. Die Liniennummer 72 wird jetzt für eine Bedarfslinie, die anläßlich großer Veranstaltungen im Wiener Stadion ab Simmering verkehrt, verwendet. Das geschah am 28. März 2001 zum ersten Mal. Seit 40 Jahren zum ersten Mal fuhr am 9. Mai 2001 auch wieder eine Linie 43 (Hernals – Stadion) als Stadionlinie. Zwischen 1933 und 1961 galt die Liniennummer 43 für die Stadionfahrten.

Das Wiener Straßenbahnmuseum hat aus dem Wagenkasten des Salzwagen sz_1 7174, dem Untergestell eines Niederbordwagens aus Graz und verschiedenen anderen Bauteilen, einen Triebwagen vom Typ D rekonstruiert, der die Nummer D 244 erhalten hat. Damit kann das Straßenbahnmuseum jetzt auch einen Wiener Triebwagen mit offenem Einstieg von 1901 zeigen.

Wiener Lokalbahnen

Die neuen Niederflurwagen wurden zunächst nur für Verstärkungsfahrten zwischen der Endstelle Oper in Wien und Wiener Neudorf verwendet. Seit dem 16. Dezember 2000 werden diese Triebwagen auch mit zwei Umläufen über die Gesamtstrecke nach Baden eingesetzt. Hierbei fährt man auf der Überlandstrecke zwischen Wolfganggasse in Wien und Baden mit Straßenbahnzügen, welche aus zwei Niederflurwagen bestehen. Es ist noch nicht möglich, die Niederflurwagen in Kombination mit den achtachsigen Gelenkwagen der Reihe 101-126 einzusetzen. Hierzu müssen noch einige Anpas-

Wiener Lokalbahnen. Auch einige Achtachser wurden an das Erscheinungsbild angepaßt, das mit den neuen Wagen eingeführt wurde. Eigenheimsiedlung, 16. Juli 2001 (Cor Engelbert).

Wiener Lokalbahnen. Seit Dezember 2000 werden die neuen Fahrzeuge auch für Fahrten nach Baden eingesetzt. Leesdorf, 10. Juni 2001 (Gerard Stoer).

sungsarbeiten an die älteren Wagen durchgeführt werden. Die Lakkierung der Wagen 116 und 117 wurde den Niederflurwagen angepaßt.

Graz

In den Nachtstunden des 3. November 2000 wurde der erste „Cityrunner" über das Wiener Straßenbahnnetz vom Werk der Firma Bombardier in Floridsdorf zur Hauptwerkstatt des Wiener Straßenbahnbetriebs überführt. In den darauf folgenden Wochen wurde ein ausführliches Testprogramm durchgeführt. Am 25. Januar 2001 wurde der Wagen nach Graz überführt, wo er die Nummer 651 erhielt. Auch die Wagen 652 und 653 sind noch in Wien betriebsfähig gemacht worden. Vom Wagen 654 an sind die neuen Niederflurwagen (achtzehn Einheiten wurden bestellt) direkt vom Werk nach Graz überführt worden. Am 3. Mai 2001 wurden die Niederflurwagen mit Pendelfahrten zwischen dem Betriebshof Steyrgasse und dem Jakominiplatz dem Publikum präsentiert. Zwei Tage später folgte auf der Linie 4 der erste Einsatz im normalen Verkehr. Nach Auslieferung des neuen Rollmaterials konnte ein Teil der sechsachsigen Gelenkwagen der Reihe 260 aus den sechziger Jahren abgestellt werden.
Niederflurwagen 661 wurde von der Fabrik zuerst nach Warschau

Graz. Die neuen Niederflurwagen, die Cityrunner, verkehrten auch auf der zeitweisen Linie 23, die wegen der Sperrung des Hauptplatzes eingerichtet wurde. Jakominiplatz, 14. Juli 2001 (Ernst Lassbacher).

überführt, wo der Wagen vom 11. bis zum 13. Juni 2000 auf der Linie 4 verkehrte. Es war zunächst beabsichtigt, den Wagen anschließend nach Brüssel zu überführen, aber da der Brüsseler Straßenbahnbetrieb gerade eine Ausschreibung für Niederflurwagen veröffentlicht hatte, verzichtete man auf diese Probefahrten.
Wegen umfangreicher Bauarbeiten mußten vom Juni bis zum August 2001 Teile der Straßenbahnlinien stillgelegt werden. Vom 9. bis 22. Juli war der Hauptplatz wegen Gleiserneuerung für die Straßenbahn gesperrt. Als Ersatz gab es Pendelfahrten unter den Liniennummern 23 (Jakominiplatz – Krenngasse) und 26 (Jakominiplatz – St. Peter). Die Linie 13 (Krenngasse – Liebenau), die unter normalen Umständen nur abends verkehrt, wurde an den genannten Wochenenden auch tagsüber betrieben.

Mariazell

Vor ein paar Jahren fanden Mitarbeiter der Museumsstraßenbahn in Mariazell in der Lackiererei einer Waggonfabrik die Reste zweier Triebwagen des Wiener Urtyps „A". Die A-Triebwagen wurden ursprünglich im Jahre 1896 mit den Nummern 1-40 geliefert. Aus diesen „Überbleibseln" wurde Triebwagen 7m rekonstruiert. Zusammen mit dem ebenfalls restaurierten Anhänger q 1442 von 1880 steht damit ein original Wiener Straßenbahnzug von 1897, dem

Eröffnungsjahr des elektrischen Betriebes, zur Verfügung. Bei der festlichen Eröffnung der ersten elektrifizierten Strecke der Museumsstraßenbahn Mariazell am 16. Juni 2001 wurde dieser Straßenbahnzug erstmals dem Publikum gezeigt.

Linz

Weil der Hauptbahnhof abgetragen wird, mußte auch die Endstelle der Linie 3 in der vor dem Bahnhof gelegenen Bahnhofstraße aufgegeben werden. Am 26. März 2000 wurde als Ersatz ein neue Schleife an der Kärntner Straße in Betrieb genommen. Am 19. Juni 2001 begann der Bau eines Straßenbahntunnels unter dem neuen Bahnhof. Dieser Tunnel ist Teil einer neuen 1,9 km langen Strecke von der Herz-Jesu-Kirche über den neuen Hauptbahnhof zur Goethekreuzung. Im Dezember 2004 werden die Linie 1 und die neue Linie 2 über diese Strecke verkehren. Alle Ausläufer des Netzes haben dann eine direkte Verbindung mit dem Bahnhof.

Die neue Strecke der zukünftigen Linie 2 nach Ebelsberg war im Herbst 2001 fast vollständig fertiggestellt. Die Linie 2 konnte jedoch noch nicht in Betrieb gehen, weil es Verzögerungen bei der Auslieferung der neuen Fahrzeuge gab. Wahrscheinlich wird Bombardier erst im März 2002 genügend neue „Cityrunner" geliefert haben (21 Einheiten sind bestellt worden), um diese Linie betreiben zu können. Im Jahre 2004 wird die Linie nach Pichling verlängert.

Linz. Am Hauptbahnhof mußte wegen des Abbruchs des Bahnhofsgebäudes eine provisorische Endschleife gebaut werden. 12. Juni 2001 (Wouter van Beek).

Innsbruck

Die Stadtverwaltung findet den öffentlichen Nahverkehr mit Straßenbahn, Bus und Obus so unwirtschaftlich, daß man eines der drei Systeme abschaffen will. Die Obuslinie R befördert mehr Reisende als alle Straßenbahnlinien und die Stubaitalbahn zusammen. Es liegt also auf der Hand, den Obus durch eine neue Straßenbahnlinie von Kranebitten zum Olympischen Dorf zu ersetzen. Auch eine Verlängerung von Völs nach Hall wäre denkbar. Es käme in diesem Fall zu einer enormen Kapitalvernichtung, denn das Obussystem wurde erst 1989 in Betrieb genommen. Schon damals hatte man davor gewarnt, daß eine verhältnismäßig kleine Stadt wie Innsbruck sich drei verschiedene Systeme für den städtischen Nahverkehr nicht leisten könne.

Für die Erweiterung des Straßenbahnnetzes wird jedoch ein Betrag benötigt, den die Stadt sogar mit Unterstützung des Bundeslandes Tirol nicht erbringen kann. Auch von den staatlichen Behörden ist keine Subvention zu erwarten, denn alles verfügbare Geld wird vollständig für den Ausbau der U-Bahn in Wien verwendet.

Weil für die Unterhaltung umfangreiche Investitionen benötigt werden (das aus Bielefeld und Hagen übernommene Rollmaterial ist jetzt etwa 40 Jahre alt), ist der Straßenbahnbetrieb zum wiederholten Male gefährdet. Die Stadtverwaltung möchte den Straßenbahnbetrieb auf der Außenlinie 6 und der Stubaital weiterführen, was

Innsbruck. Die traditionellen Farben rot/gelb werden von einer neuen Farbgebung oder von Werbung verdrängt. Die Stubaitalbahn nahe Kreith, 12. Mai 2001 (Rudolf Schrempf).

aber nach Meinung des Verkehrsbetriebs ohne die Stadtlinien 1 und 3, die eingestellt werden sollen, nicht attraktiv wäre.
Trotz dieser unsicheren Situation hat die Firma Plasser & Theurer den neuen Universaltriebwagen 22 geliefert. Die historischen Triebwagen 2 und 3 werden jetzt nicht länger als Arbeitswagen auf der Linie 6 und auf der Stubaitalbahn benötigt. Der neue vierachsige Arbeitswagen ist 13,39 m lang und hat ein Gewicht von 28 Tonnen. Der Wagen mit einem Dieselantrieb hat für Meßzwecke und für das Erden der Fahrleitung auch einen Stromabnehmer.
Am 11. Juni 2001 wurde von den Tiroler Museumsbahnen im renovierten Betriebshof der Stubaitalbahn ein Straßenbahnmuseum eröffnet. Aus diesem Anlaß verkehrten Museumswagen vom Zentrum zum Stubaitalbahnhof.

Innsbruck. Die Firma Plasser & Theurer lieferte einen universellen Arbeitswagen, so daß die historischen Triebwagen nicht mehr für Arbeitseinsätze benötigt werden. (IVB/Ing. Harald Jösslin).

Schweiz

Basel

Im Dezember 2000 lieferte Siemens den ersten von 28 Combinos (Reihe 301-328) an den Straßenbahnbetrieb von Basel, die BVB, aus. Die aus sieben Teilen bestehenden Wagen sind 43 m lang und verfügen über 90 Sitz- und 163 Stehplätze. Der erste fährt seit Februar 2001 auf der Linie 8. Die nächsten Wagen werden auf der Linie 6 eingesetzt. Seit März werden zwei Wagen pro Monat geliefert. Wenn die Linie 6 komplett mit den neuen Wagen ausgerüstet ist, werden die übrigen Wagen der Linie 8 ersetzt. Das soll bis Sommer 2002 erfolgen. Dann können auf allen Linien die Niederflurwagen auch zusammen mit den umgebauten Gelenkwagen und den umgebauten Beiwagen eingesetzt werden. Um den Jahreswechsel 2000-2001 waren alle 30 für einen Umbau vorgesehenen Beiwagen mit einem Niederflurteil versehen worden.

Die ältesten zwanzig Düwag-Wagen (Baujahr 1967), die durch die Combinos ersetzt wurden, sind zusammen mit insgesamt zwanzig Stück vierachsigen Beiwagen aus der Reihe 1401-1415 (Baujahr 1947/1948) und dreiachsigen Beiwagen aus der Reihe 1333-1344 (Baujahr 1956/1964) von der Schweizer Regierung dem Straßenbahnbetrieb von Belgrad (Serbien) geschenkt worden.

Drei vierachsigen Beiwagen stammen, wie auch die dreiachsigen Beiwagen von der BLT, welche sie früher von der BVB übernommen hatte. Die Vierachser, die die BLT aus Bern zurückgeholt wur-

Basel. Auf dem Centralbahnplatz vor dem SBB-Bahnhof wurde im Mai 2001 diese großzügige Straßenbahnhaltestelle in Betrieb genommen. 9. August 2001 (Karel Hoorn).

Basel. Die Straßenbahnhaltestelle am DB-Bahnhof, dem Badischen Bahnhof, rückte näher an den Bahnhof, einschließlich der neuen Endstelle der Linie 2 im Vordergrund. 9. August 2001 (Karel Hoorn).

den, sind also in Basel nicht mehr in Betrieb genommen worden. Im Tausch für die Beiwagen kam Düwag-Triebwagen 641 von der BVB zu BLT. Er wurde gelb lackiert und in 141 umnummeriert. Bis zum Oktober 2001 folgen noch sechs weitere, davon zwei als Ersatzteilspender. Ein erster Transport nach Belgrad, der fünf Düwag-Triebwagen und vierzehn Beiwagen umfaßte, verließ die Stadt am 8. August 2001 mit der Eisenbahn. Der letzte Transport ist für den April 2002 vorgesehen. Die verbliebenen Düwag-Wagen werden für Sonderfahrten und für Fußballspiele bereitgehalten.
Die Combinos mit der größeren Breite von 2,3 m können vorläufig nur auf den Linien 6 und 8 verkehren. An verschiedenen Stellen, vor allem aber in Gleisbögen, müssen die Gleisabstände noch vergrößert werden. Weitere Gleisbauarbeiten gab es in den vergangenen Jahren am Badischen Bahnhof. Hier wurden die Gleise so verlegt, daß Anfang März 2001 eine Haltestelle direkt vor dem Bahnhof eröffnet werden konnte. Auch wurde hier eine Schleife als Ersatz der Schleife an der Messe gebaut. Im April entstand außerdem ein neues Gleiskreuz mit Gleisverbindungen in alle Richtungen bei der Messe. Im April und im Mai 2001 wurden mit der neuen, endgültigen Überdachung die Arbeiten an den Straßenbahnhaltestellen auf dem Centralbahnplatz vor dem Bahnhof SBB abgeschlossen.
Auch der Straßenbahnviadukt entlang der Gleise am Bahnhof der SBB wurde fertiggestellt. Seit Fahrplanwechsel am 30. Juni 2001 verkehren die Straßenbahnlinien 10 und 11, aus der Richtung Dreispitz kommend, über diesen Viadukt und den Centralbahnplatz zum Aeschenplatz.
Am selben Tag traten auch einige andere Änderungen in kraft. Die fast-Ringlinie 1 wurde bis zum Bahnhof der SBB verkürzt und bei

Basel. Die Combinos der BVB sind 43 m lang und ersetzen einen Doppelgelenkwagen mit Beiwagen oder einen Dreiwagenzug. 5. März 2001 (Dominik Madörin).

Basel. Zwanzig Düwag-Gelenkwagen wurden dem Straßenbahnbetrieb von Belgrad geschenkt. Am 8. August 2001 wurde der erste Transport auf dem Gelände von Schindler versandfertig gemacht. (Dominik Madörin).

Basel. Für die Linien 10 und 11 der BLT wurde parallel zur Eisenbahnlinie eine neue Strecke in Betrieb genommen, die es ermöglichte, den SBB-Bahnhof anzufahren. 9. August 2001 (Karel Hoorn).

Bern. Der Straßenbahnbetrieb hat eine neue Identität bekommen. Er heißt fortan Bern Mobil und die Fahrzeuge werden rot lackiert. Guisanplatz, 20. August 2001 (Axel Reuther).

der Messe (weil die Schleife dort nicht mehr vorhanden ist) an die Linie 14 angeschlossen, was durch die neuen Gleisverbindungen möglich wurde.
In den Hauptverkehrszeiten und bei Veranstaltungen auf der Messe wird die Linie 1 ab Bahnhof SBB über die Strecke der Linie 2 zur Messe und zur neuen Schleife beim Badischen Bahnhof verlängert.
Weil auch die Linie 15 nicht mehr bei der Messe wenden kann, fährt diese jetzt eine Schleife durch das Zentrum über die Messe zum Schifflände.
Die BLT stellte drei dreiachsige Beiwagen ab und gab sie zur Verschrottung frei.

Bern
Die traditionelle grüne und cremefarbene Lackierung von Straßenbahn und Bus wird in raschem Tempo verschwinden. Alle Fahrzeuge, die nicht vor 2005 abgestellt werden, erhalten die neue rote Lackierung. Als erster erschien Ende Oktober 2000 Niederflurwagen Be 4/8 731 in rot. Gleichzeitig wurde der neue Markenname „Bern Mobil" eingeführt. Das verursachte natürlich Diskussionen bei der Bevölkerung. Vor allem das Fehlen des berner Stadtwappens mit dem Bären sorgte für Aufregung.
Nachdem Ende November 2000 der Berner *Große Rat* dem Kauf von fünfzehn Combino-Wagen zugestimmt hatte, erfolgte im April 2001 die Bestellung bei Siemens. Die SVB bezahlen fünf Wagen aus eigenen Mittel; für die übrigen zehn erhalten sie Subventionen. Sobald die neuen Wagen eingetroffen sind, werden fünf Triebwagen der Reihe Be 4/4 621-630 und fünf Beiwagen der Reihe B4 321-340 nach Rosario in Argentinien verkauft.

Zürich
Am 18. Mai 2001 wurde der lang erwartete Cobra-Niederflurwagen Be 5/6 3001 geliefert. Elf Tage später wurde er „Stadt Zürich" getauft. Vom 6. bis zum 8. Juli wurde der neue Wagen während des „Züri-Fäschts" zusammen mit einem Wagen vom Typ 2000, der ein Niederflurmittelteil erhalten hatte, der Bevölkerung gezeigt. Dieses in eigener Werkstatt gebaute Mittelteil ist eine konventionelle Konstruktion. Die erste Cobra-Tram wird auf der Linie 9 eingesetzt, weil es hier starke Steigungen als auch einen Tunnel gibt. Der Testbetrieb dauert ein Jahr.
Die übrigen fünf Wagen der Nullserie werden bis zum November 2001 ausgeliefert. Wenn die Wagen allen Erwartungen entsprechen, kann die Auslieferung der elf Wagen der Folgebestellung Ende 2002 beginnen, die dann bis Mitte 2004 abgeschlossen sein soll. Die übrigen 58 Wagen sind dann bei diesem Tempo etwa 2010 fertiggestellt. Sie sollen die Mirages, die Triebwagen Be 4/6 1601-1690 und 1691-1726 aus den Jahren 1966 bis 1969 ersetzen. Der Prototyp dieser Reihe, Wagen Be 6/6 1801 von 1961, ist bereits abgestellt worden.
Es sieht so aus, als ob die Verlängerung der Linie 6 zum Hauptein-

Zürich. Im Mai wurde dieser lang erwartete Cobra-Niederflurwagen der Vorausserie 3001-3006 ausgeliefert. Hauptwerkstatt Altstätten, 23. August 2001 (Axel Reuther).

Zürich. Zusammen mit dem Cobra-Wagen wurde von der eigenen Werkstatt noch ein Niederflurwagen ausgeliefert. In einen Gelenkwagen des Typs 2000 wurde ein Niederflurmittelteil eingebaut, das in der Schweiz *Sänfte* genannt wird. 2. August 2001 (René Platjouw).

gang des Zoo's nicht realisiert wird. Dagegen sind 2001 die internen Vorbereitungen für einige umfangreiche Projekte im Rahmen der Erweiterung des Netzes angelaufen. Es handelt sich um eine neue 3 km lange Straßenbahnlinie 18 von Escher-Wyss-Platz zum Bahnhof Altstetten Nord, die im Zeitraum von 2008 bis 2010 realisiert werden soll. Es gibt sogar eine Studie zu einer weiteren Verlängerung bis Schlieren. Andere Erweiterungen sind eine neue Linie 1 auf der Strecke Hauptbahnhof – Bahnhof Altstetten Süd und eine Linie 16 vom Bahnhof Oerlikon nach Affoltern.
Ein anderes großes Vorhaben, die Stadtbahn Glattal, nimmt allmählich Formen an. Die Konzession für den Bau der Infrastruktur und für die Betriebsführung über einen Zeitraum von 50 Jahren wurde den Verkehrsbetrieben Glattal im März 2001 erteilt. Die Planung sieht vor, daß die erste Strecke zwischen Bahnhof Oerlikon und Kloten gegen Ende 2005 in Betrieb gehen soll. 2003 soll der Bau der Strecke beginnen.
Der aus dem Jahre 1893 stammende Betriebshof Burgwies, der seit 1997 nicht mehr genutzt wurde, soll künftig das Straßenbahnmuseum beherbergen. Er muß zunächst bautechnisch erneuert werden, ehe das Straßenbahnmuseum einziehen kann. Bis zur Eröffnung können dann noch einmal zwei Jahre vergehen.

Genf
Die Erweiterung des Straßenbahnnetzes läßt sich nur mühsam realisieren. Die Genehmigungen zum Bau der Linien 15 und 17 zwischen Plainpalais und Pont-Rouge und die Verlängerung der Linie 13 von Cornavin nach Nations werden von den Betroffenen vor Gericht angefochten. Anfang 2001 hatte anscheinend alle juristischen Hürden überwunden, so daß man im Herbst 2001 endlich mit den Bauarbeiten beginnen konnte. Es gibt einen neuen Plan für eine Verlängerung der Linie 12 nach Annemasse in Frankreich, sofern auch von französischer Seite Interesse dafür besteht.
Für diese Erweiterungen des Straßenbahnnetzes muß auch der Wagenpark erweitert werden. Vom 29. August bis 4. Oktober 2000 stellte sich der Combino von Siemens in Genf vor und machte Probefahren. Mit der Nummer 855 war er vom 17. September bis zum 3. Oktober im Linienverkehr eingesetzt. Im August 2001 wurde Wagen 827 mit einem neuen Mittelteil versehen und als 850 in Dienst gestellt. Zwei weitere Mittelteile wurden für die Wagen 826 und 825 geliefert die anschließend in 851 und 852 umnummeriert wurden.

Neuchâtel
Seit dem Oktober 2000 gibt es in den Hauptverkehrszeiten Schnellbahnen zwischen Neuchâtel und Colombier, die zu einer besseren Nutzung des P&R-Verkehrs beitragen sollen. Diese Wagen halten nur in Serrières und Auvernier. Das ist eine der wenigen bemerkenswerten Änderungen der Betriebsführung in den letzten zwanzig Jahren, seit auf der „Littorail" die Be 4/4 501-504 mit den Steuerwa-

gen Bt 551-554 verkehren. 1988 wurde der Wagenpark durch die Be 4/4 505-506 ergänzt. Die Strecke ist 9 km lang und die Wagen verkehren im 20-Minutentakt.

Bex

Der Betrieb des Ministraßenbahnbetriebs in Bex, auf dem flachen Teil der Meterspurlinie Bex – Villars – Betraye, zwischen dem Bahnhof und Bevieux, ist im neuen Fahrplan ab 10. Juli 2001 stark eingeschränkt worden. Es gibt nur noch fünf Fahrten hin und zurück in der morgendlichen Hauptverkehrszeit. Die Fahrten werden von zwei im Jahre 1948 gebauten Dreiachsern mit den Nummern 15 und 16 durchgeführt.

Riffelalp

In der Nähe von Zermatt, unweit der Station Riffelalp der Gornergratbahn, verkehrt die 475 m lange sogenannte „Riffelalp-tram“ wieder. Die kurze Strecke stellte seit Juli 1899 die Verbindung zwischen dem Hotel „Riffelalp“ und dem Bahnhof her und verkehrte nur in den Sommermonaten. Der Wagenpark bestand aus zwei elektrischen Triebwagen mit einer Spurweite von 800 mm und einem Drehstromantrieb. Das Hotel brannte am 15. Februar 1961 vollständig nieder, so daß der kleine Straßenbahnbetrieb rückwirkend zum September 1960 eingestellt worden war. Die Strecke wurde abgebaut und die Triebwagen landeten auf einem Spielplatz in Zermatt. Nachdem man den Beschluß gefaßt hatte, das Hotel wieder zu errichten, wurde auch die Straßenbahn wieder aufgebaut. Neben dem Hotel entstand eine Kehrschleife. Die Wagen wurde in der Werkstätte der Gornergratbahn wieder betriebsfähig aufgearbeitet. Es gibt leider keine Fahrleitung, da die Fahrzeuge mit Akkumulatoren ausgerüstet wurden. Am 15. Juni 2001 wurde der Verkehr wieder aufgenommen.

Riffelalp. Die Verbindung zwischen dem Bahnhof Riffelalp und dem gleichnamigen Hotel wurde nach über 40 Jahren wieder eröffnet. Die Straßenbahn fährt jetzt mit Akkumulatoren. 18. August 2001 (Hans Stork).

Frankreich

Lille
Durch die Verlängerung der Linie 2 der VAL im August 1999 zum Zentrum von Tourcoing und im Oktober 2000 zu einem Krankenhaus im Norden der Stadt stiegen die Fahrgastzahlen um 28 %. Wie zu erwarten war, verringerten sich dadurch die Fahrgastzahlen auf den beiden Straßenbahnlinien R und T um fast 19 %. Neue Entwicklungen gibt es bei diesem Straßenbahnbetrieb nicht und das wird in den kommenden Jahren so bleiben. Da sowohl der Oberbau als auch die Fahrzeuge erst vor einigen Jahren modernisiert worden sind, steht eine Einstellung nicht zur Diskussion.

Valenciennes
Mit dem Erscheinen der notwendige *Déclaration d'utilité public* am 4. Juli 2001, ist die Einführung der *Transvilles* genannten Straßenbahn, endlich gesichert. Anmerkungen der Untersuchungskommission zu dieser Erklärung des öffentlichen Nutzens führten zu einigen Änderungen der Planung. Die erste Linie, die im Jahre 2004 fertiggestellt werden könnte, verbindet die Universität im Süden der Stadt in der Gemeinde Famars, über das Zentrum und den Bahnhof von Valenciennes mit einem alten Industriegebiet in der Gemeinde Anzin, das neu aufgebaut werden soll. Die westliche Endhaltestelle Dutemple liegt wieder in Valenciennes. Nach einem Vorschlag des Ausschusses entsteht im Zentrum der Stadt ein Abzweig von 800 m nach Nordosten zu einigen großen Schulen. Dieser Seitenast ist Ausgangspunkt einer späteren Verlängerung zur Gemeinde Saint-Saulve. Für das Straßenbahnnetz wurden inzwischen siebzehn Wagen beim Konsortium Alstom/Bombardier bestellt.

Paris
Die Arbeiten für die Verlängerung der Linie T1 um 3 km von Bobigny nach Noisy-le-Sec haben Mitte 2001 begonnen. Die Linie wird Ende 2002 in Betrieb genommen. Erwartungsgemäß hat der Pariser Verkehrsbetrieb RATP dafür bei Alstom dreizehn Wagen mit einem Vorkaufsrecht für weitere 47 Stück bestellt. Es werden, wie in Lyon, fünfteilige Wagen in vollständiger Niederflurausführung vom Typ Citadis 302 sein, jedoch mit neuer Formgebung. Die Auslieferung beginnt im Frühling 2002. Zunächst sollen die Wagen den vorhandenen Wagenpark ergänzen, aber sie sind auch für künftige Erweiterungen des Netzes vorgesehen. Um die Verlängerung an die bestehende Linie anzuschließen wurde der Straßenbahnverkehr auf der Gesamtlinie vom 25. Juni bis zum 2. September 2001 stillgelegt. Gleichzeitig führte man an der Strecke kleine Instandhaltungsarbeiten durch.
Es sieht danach aus, als ob mit der Linie T1 ein enormes Wachs-

tums des Straßenbahnnetzes in der französischen Hauptstadt begonnen hat. In den Jahren 2004 und 2005 sind Verlängerungen der Linie 2 von La Défense nach Bezons und von Issy-Plaine nach de Porte de Versailles (Station der U-Bahnlinie 12) geplant. Etwa zur selben Zeit wird eine dritte Straßenbahnlinie zwischen dem Boulevard Victor (in der Nähe des Porte de Versailles) und dem Porte d'Ivry (Station der U-Bahnlinie 7) dazukommen. Diese Linie bildet den ersten Teil eines künftigen Rings von Straßenbahnlinien über die auch *Boulevard des maréchaux* genannten Ringboulevards um die Stadt herum. Es ist jedoch nicht völlig auszuschließen, daß man sich nicht doch noch für ein Spurbussystem (tram á pneu) entscheidet.
Auch für Straßenbahnlinien in Vorstädten wie St. Denis, Villejuif und Sénart gibt es Pläne. Die letztgenannte Linie soll die Stationen Evry-Courcouronnes und Lieussaint-Moissy an den südöstlichen Zweigen der RER-Linie D verbinden und soll vor allem die neue Stadt Sénart mit der RER verbinden. Der erste Teil könnte 2005 in Betrieb genommen werden. Auch hier hat man noch nicht entschieden, ob es sich wirklich um eine Straßenbahn handeln wird oder ob ein Spurbus gebaut werden soll.
Auch die SNCF will sich am städtischen und Vorortverkehr beteiligen. 2004 beginnt der Eisenbahnbetrieb mit der Betriebsführung eines *tram-train,* einer Schnellstraßenbahn nach dem Vorbild von Karlsruhe, auf einer eingleisige Eisenbahnstrecke zwischen Aulnay-sous-Bois und Bondy nordöstlich der Stadt. Damit entsteht eine Querverbindung zwischen den RER-Linien B und E. In Zusammenhang damit gab es eine Ausschreibung für fünzehn Zweisystemwagen mit einer Fußbodenhöhe von 40 cm und einer Option auf weitere 64 Fahrzeuge. Angebote kamen von fünf Betrieben: Adtranz, Alstom mit dem noch nicht gefertigten Citadis 500 (auch „Dualis“ genannt), Siemens/Matra mit dem ebenfalls noch auf dem Reißbrett befindlichen Avanto und Bombardier mit dem Saarbrücker Wagen. Eine Überraschung war die Beteiligung der Schweizer Firma Stadler.
Frankreich war bis dahin im Vergleich zu Deutschland bei der Integration von Eisenbahn- und Kommunalverkehr einigermaßen im Rückstand, aber dieser Rückstand wird jetzt großzügig aufgeholt. Die SNCF will diese Wagen auf den Linien um Saint Germain, Strasbourg, Mulhouse, Lyon und Saint Etienne einsetzen.

Rouen

Im Vergleich zur Betriebsamkeit in vielen anderen Städten des Landes kommt die Entwicklung in Rouen etwas zu kurz. Der Straßenbahnbetrieb arbeitet zufriedenstellend mit einem jährlichen Beförderungszuwachs von etwa 8 %. Der Wagenpark mit 28 Einheiten wird allmählich etwas zu klein. Der Verkehrsbetrieb will weiter zehn Wagen bestellen, um während der Hauptverkehrszeiten mit Doppeltraktionen fahren zu können.

Auf der Ost-West-Verbindung wurde Anfang 2001 der erste Teil des Spurbussystems dem Verkehr übergeben. Diese unechte Straßenbahnverbindung hat sogar die Straßenbahnliniennummern T2 und T3 erhalten. Das System des Civis von Matra und Renault arbeitet mit optischer Führung. Eine Videokamera folgt dabei weißen Strichen auf der Fahrbahn. Wie das bei Schnee funktioniert bleibt abzuwarten.

Nantes

Die Ablieferung der Incentro-Triebwagen durch Adtranz erfolgte eher zögerlich. Die 23 Wagen (Serie 351-373) sollten alle im Jahre 2000 abgeliefert werden. Es dauerte jedoch bis zum Herbst 2001, ehe es soweit war. Wagen 351, das erste Exemplar, mußte sogar an den Hersteller zurückgegeben werden, um verschiedene Anpassungen durchzuführen. Die neuen Wagen fahren nur auf der Linie 1.

Da die Erweiterungen des Netzes (eine Verlängerung der Linie 1 nach Saint Herblain und eine vollständig neue Linie 3 zwischen Plaisance und Hôtel-Dieu) planmäßig im September 2000 in Betrieb genommen wurden, entstand ein großer Fahrzeugmangel. Um eine gute Bedienung der neuen Strecken zu gewährleisten, wurden einige Fahrten auf der Linie 2 zur Universität mit Omnibussen ausgeführt. Trotz dieser Probleme wird an der Erweiterung des Netzes

Nantes. Die ersten Incentros wurden auf der Linie 1 eingesetzt. Boulevard R. Coty, 31. August 2001 (MT).

Nantes. Die Linie 3 war wie ihre beiden Vorgängerinnen schnell erfolgreich. Route de Vannes, 6. Juli 2001 (Luc Koenot).

Orléans. Die Straßenbahn paßt in das Stadtbild, als hätte es sie immer gegeben. Pont Georges V, 12. Juni 2001 (Hans Oerlemans).

weitergearbeitet. Die nächsten Verlängerungen werden 2004 in Betrieb gehen. Die Linie 2 wird dann im Süden um 1,8 km nach La Neustrie und die Linie 3 im Norden um 2,1 km nach Sillon de Bretagne verlängert. Hier soll auch ein neuer Betriebshof entstehen.

Le Mans

Noch immer hat man hier keinen Entschluß über die Zukunft des kommunalen Verkehrs fassen können oder wollen. Die Stadtverwaltung scheint zur Zeit das Anlegen vom freien Busspuren zu bevorzugen, da man so mit geringen Kosten zu schnellen Ergebnissen zu kommen glaubt.

Orléans

Am 20. November 2000 eröffnete der französische Regierungschef Lionel Jospin die erste Straßenbahnlinie, die damit gleichzeitig eine Art Gütesiegel der Regierung erhält. Nach man die Bahn einige Tage kostenlos benutzen durfte, begann die normale Betriebsführung am 28. November. Die Linie ist fast 18 km lang und verkehrt vom Fleury Jules Verne im Norden zum Krankenhaus und zur Universität La Source im Süden. Es wurden 22 Wagen Citadis 301 in schmaler Ausführung (2,32 m breit) geliefert. Wegen einiger enger Straßen in der Innenstadt sind sie schmaler als der Bus. Die Nummerierung als Wagen 39-60 scheint unverständlich, aber die Fahrzeuge wurden im Anschluß an das Wagenmaterial des früheren

Orléans. In der schmalen Rue de la République sorgt eine Schranke dafür, daß die Fahrgäste der Straßenbahn sicher ein- und aussteigen können. 12. August 2001 (Karel Hoorn).

Orléans. Ein Bild des altes Straßenbahnbetriebs. Zweiachser auf dem Place du Martroi, zu Beginn des vorigen Jahrhunderts (Ansichtskarte).

Straßenbahnbetriebes der Stadt eingeordnet, der im Jahre 1938 aufgegeben wurde.
In der Innenstadt verhindern Arkaden über dem Bürgersteig an einigen Stellen die Sicht auf die Straßenbahnhaltestelle und den heranfahrenden Wagen. Für dieses Problem wurde eine interessante Lösung gefunden. Wartende Fahrgäste werden auf das Herannahen der Straßenbahn durch ein Lichtsignal aufmerksam gemacht, das von der Bahn ausgelöst wird. Um zu verhindern, daß Fahrgäste, die dann auf die Straße treten, von einem PKW erfaßt werden, wird die Straße mit einer Schranke gesperrt. Die Straße verwandelt sich dadurch vorübergehend in einen Haltestellenbahnsteig bis das System durch den abfahrenden Wagen wieder ausgeschaltet wird. Der Erfolg der Straßenbahn ist groß. Bereits nach drei Monaten wurde der millionste Fahrgast befördert und die Anzahl der in Betrieb befindlichen Wagen wurde von achtzehn auf zwanzig erhöht.
Die Wagenparkreserve ist dadurch etwas knapp geworden. Der Verkehrsbetrieb will darum in kurzer Zeit drei weitere Wagen bestellen. Die Instandhaltung der Fahrzeuge wurde dem Hersteller Alstom übertragen. Der Bau einer zweiten Linie befindet sich in der Studienphase. Sie soll 9 km lang werden und von La Chapelle Saint-

Orléans. Der Place du Martroi scheint innerhalb eines Jahrhunderts seinen Charakter kaum verändert zu haben. 16. April 2001 (Gerard Stoer).

Mesmin im Westen der Stadt nach Saint Jean de Braye oder Chécy im Osten verlaufen. Die genaue Streckenführung steht noch nicht fest. Eine weitere Studie soll untersuchen, ob man eine Güterstrekke der Eisenbahn mitbenutzen kann.

Strasbourg

Die neuen Straßenbahnlinien B und C, die im September 2000 in Betrieb gegangen sind, haben nach einigen Monaten bereits mehr Fahrgäste als die Linien A und D. Die neue (politisch rechte) Bürgermeisterin der Stadt, hat im Gegensatz zu ihrer sozialistischen Vorgängerin wenig für die Straßenbahn übrig. Sie sieht die Ursache für diesen kommerziellen Erfolg in der Einstellung vieler durchgehender Buslinien in das Stadtzentrum und zum Bahnhof. Darum will sie die direkten Busverbindungen wieder herstellen und außerdem eine Anzahl das Auto „diskriminierender" Maßnahmen rückgängig machten.

Wegen der hohen Verkehrsdichte ist die Kreuzung der Straßenbahnlinien am Homme de Fer regelmäßig überlastet. Auch das soll sich nach Meinung der Bürgermeisterin ändern. Sie läßt darum untersuchen, ob man die Umsteigemöglichkeit zwischen den Linien A/D und B/C verlegen kann. Es ist unklar, wie das bei zwei Straßenbahnlinien gehen soll, die sich nur an einer Stelle kreuzen. Eine Möglichkeit wäre die Verlängerung der Linien B und C vom südlichen End-

punkt Elsau zur Haltestelle Krimmeri der Linie A. Hier könnte später auch auf den zukünftigen *tram-train* umgestiegen werden.
Die ablehnende Haltung zur Straßenbahn zeigt sich auch darin, daß mehrere Pläne für Streckenverlängerungen aufgeschoben wurden. Der neue Bürgermeister will nur die Verlängerung nach Neudorf im Jahre 2005. Erweiterungen nach Ostwald, Neuhof, Oberhausbergen, Illkirch-Graffenstaden Zentrum und Kehl werden vorläufig nicht erfolgen.

Mulhouse
1996 wurden in dieser ostfranzösischen Stadt zum ersten Mal Vorschläge für die Wiedereinführung der Straßenbahn präsentiert. Fünf Jahre später sind die Pläne soweit ausgearbeitet, daß 2002 mit dem Bau einer 12 km langen Strecke durch die Stadt von Wittenheim im Norden zum Bahnhof begonnen werden kann. Die Pläne sehen vor, daß diese Stadtstrecke im Frühling 2005 in Betrieb genommen wird. Die Strecke soll auch von zwei Überlandverbindungen nach Müllheim (in Deutschland) und Kruth mitbenutzt werden, die nach dem erprobten Karlsruher Modell über Eisenbahnstrecken führen werden. Später sind Erweiterungen nach Belfort und zum Flughafen Basel/Mulhouse geplant.
Für die Stadtlinie werden erwartungsgemäß bei Alstom 28 Wagen vom Typ Citadis 301 bestellt. Die Zweisystemwagen für den Einsatz auf der Eisenbahnlinie kommen voraussichtlich von der SNCF, die eine Option auf 64 dieser Fahrzeuge im Anschluß an die Bestellung von fünfzehn Wagen für Paris hat. Mulhouse besaß schon früher einen Straßenbahnbetrieb mit fünf Stadt- und zwei Vorortlinien. In den dreißiger Jahren wurden einige moderne Satramo-Vierachser gekauft, aber im Jahre 1956 wurde der Betrieb eingestellt.

Lyon
Für den öffentlichen Nahverkehr in Lyon war der 30. Januar 1956 kein guter Tag. Abends kehrte die allerletzte Bahn der Linie 4 in den Betriebshof zurück. Das war nach 62 Jahren das Ende für die rotcreme lackierte städtische Straßenbahn. Völlig straßenbahnfrei wurde die Stadt erst eineinhalb Jahre später, denn bis zum 30. Juni 1957 gab es noch den *Train Bleu* nach Neuville, eine meterspurige Überlandlinie, auf der schwere vierachsige Mitteleinstiegwagen mit fünf oder sechs vierachsigen Beiwagen verkehrten. Auf seinem Höhepunkt in den zwanziger Jahren hatte das Straßenbahnnetz eine Länge von 286 km in Meter- und Regelspur und es fuhren fast 1200 Wagen verschiedener Betriebe. Das Ende der Straßenbahn war schon lange abzusehen, denn der größte Betriebsführer, der private Betrieb Compagnie des Omnibus et Tramways de Lyon (OTL), zahlte lieber Dividende an die Aktionäre aus, als in ausreichendem Maße zu investieren. Eine unwillige Stadtverwaltung sorgte für den Rest. 1932 wurden zum letzten Mal neue Fahrzeuge beschafft (acht vierachsige Mitteleinstiegswagen) und im Jahre

Lyon. Der Verkehrsbetrieb begnügte sich nicht mit dem normalen Design des Citadis, sondern hat sich für Straßenbahnwagen mit einem eigenen Äußeren entschieden. Avenue Berthelot, 20. Juli 2001 (Luc Koenot).

1936 wurden die ersten Linien durch den O-Bus ersetzt. Bis 1941 sollten diese Aktivitäten beendet sein, aber der Zweite Weltkrieg sorgte für einen Aufschub von fünfzehn Jahren.
Bus, O-Bus, einige Standseilbahnen und ab 1978 die U-Bahn (vier Linien, davon eine Zahnradlinie) bildeten seitdem den öffentlichen Nahverkehr in der Stadt. Obwohl der lange Zeit zur Zufriedenheit verlief, gab es doch einige Löcher in diesem Netz. So fehlte eine gute, direkte Verbindung zwischen dem Bahnhof Perrache und der Innenstadt. Ab Anfang der neunziger Jahre dachte man deshalb daran, die Straßenbahn wieder einzuführen. Ende 1996 gab es bereits eine Grundsatzentscheidung zum Bau zweier Linien: eine Linie nach St. Priest im Osten und eine nach La Doua im Norden der Stadt. Diese zweite Linie war längere Zeit umstritten, weil sie teils parallel zur U-Bahnlinie B verläuft. Überdies sollte eine Verlängerung der U-Bahn nach La Doua etwa soviel kosten, wie der Bau einer vollständig neuen Straßenbahnlinie. Trotzdem wurde zugunsten der Straßenbahn entschieden, weil deren Bau für die Anwohner (die schließlich ja auch Wähler sind) weniger Belästigungen verursachen würde. Aus einer Umfrage ging hervor, daß eine große Mehrheit der Einwohner dafür war, den öffentlichen Nahverkehr auszuweiten und den Autoverkehr gleichzeitig einzuschränken.

Dann ging es schnell. Nachdem die vorgeschriebene *déclaration d'utilité public* im September 1998 vorlag, begannen kurze Zeit später die Vorbereitung mit dem Verlagern von Kabeln und Leitungen und im April 1999 begann der eigentliche Bau. Auch das ging schnell. Im Schnitt wurden 60 m zweigleisige Strecke pro Tag verlegt. Der erste von 39 bestellten Citadis-302-Wagen (Reihe 0801-0839) traf im April 2000 ein. Die fünfteiligen Zweirichtungswagen sind 32 m lang und 2,40 m breit. Sie haben einen Niederfluranteil von 100%. Das Äußere dieser Wagen weicht ziemlich ab von den Standardausführung des Citadis ab, wie er in Montpellier und Orléans verkehrt. Die Gestaltung der Stirnseite der lyoner Wagen ist, vorsichtig ausgedrückt, interessant.
Im Sommer des Jahres 2000 gab es ausführliche Probefahrten und am 18. Dezember 2000 folgte die offizielle Eröffnungsfahrt. Als Ende Dezember die Straßenbahn einige Tage kostenlos fuhr, nutzten schon am ersten Tag 100.000 Fahrgäste das Angebot. Am 2. Januar 2001 begann der normale Betrieb. Der Erfolg ließ nicht nach. Nach zwei Monaten hatten die Fahrgastzahlen im Vergleich zu den früheren Buslinien um fast 60 % zugenommen.
Wie in Frankreich üblich, werden diese zwei Linien als T1 und T2 bezeichnet. Beide haben ihren Ausgangspunkt am Bahnhof Perrache. Die Linie 1 mit einer Länge von 9,5 km führt nach Norden, am Bahnhof Part-Dieu vorbei und endet in Iut-Feyssine im Stadtviertel La Doua. Die Linie T2 ist etwa 10 km lang, fährt nach St. Priest im Osten der Stadt und hat dort die Endstelle Porte-des-Alpes. Hier befinden sich auch den Betriebshof und die Werkstatt. Das Netz ist vollständig auf den Betrieb mit Zweirichtungswagen ausgerichtet und verfügt über keine Kehrschleifen. Die Arbeiten für eine erste Erweiterung sind bereits im April 2000 angelaufen. Die Linie T2 wird im August 2003 um 5 km von Porte-des-Alpes nach Bel-Air im Südosten der Stadt verlängert. Dann werden noch vier weitere Citadis-Wagen dazukommen. Man denkt auch darüber nach, einige stark befahrene Bus- und O-Buslinien auf Straßenbahnbetrieb umzustellen. Gute Aussichten haben die Verbindungen Saint-Paul – Hôtel de Ville – Bonnevay – Velin (12 km) und La Duchère – Part Dieu – Vénissieux – Les Minguettes (15 km). Diese Erweiterungen werden frühestens 2005 in Betrieb gehen, wenn hierfür die Finanzierung sicher gestellt werden kann.
Es gibt sogar schon eine Studie, das Straßenbahnnetzes in die Umgebung zu erweitern. Die kleine Stadt Meyzieu, mehr als 12 km östlich von Lyon, ist ein erster Kandidat dafür, weil man eine kaum noch benutzte Eisenbahnstrecke (ein Güterzug täglich) mit benutzen könnte. Auch für Meyzieu wäre das eine Wiedereinführung der Straßenbahn, denn bereits zu Beginn des vorigen Jahrhunderts war der Ort durch eine Straßenbahn mit der außergewöhnlichen Fahrspannung von 6600 V, 16 2/3 Hz mit Lyon verbunden. Die Zweisystemwagen, die die SNCF bestellen will, wären für diese Verbindung genau richtig. In einer zweiten Phase kann die Linie zum Flughafen Lyon Saint-Exupéry verlängert werden. Insgesamt scheinen die

Lyon. Breite und komfortable Bahnsteige an den Haltestellen sind ein wichtiges Element des neuen Straßenbahnbetriebs. 4. Juni 2001 (Marco Moerland).

Zukunftsaussichten der Straßenbahn in und um Lyon sehr gut zu sein.
Die Straßenbahn war in mittelgroßen Städten, wie Nantes und Grenoble, schon längere Zeit ein Erfolg und wurde anschließend auch in großen Städten, wie Paris, London (Croydon) und Stockholm wieder entdeckt, um die Außenviertel untereinander zu verbinden. In Lyon ging man einen Schritt weiter, denn hier ist die Straßenbahn gerade auf Verbindungen im Herzen der Stadt zurückgekehrt. Damit ist die Straßenbahn keine Erweiterung, sondern ein direkter Konkurrent zur U-Bahn geworden. Mit zwei Linien und 40 Wagen war es ein kraftvoller Start. Hoffentlich macht das Beispiel Lyons Schule. Es gibt genug Städte, wo man nach diesem Vorbild verfahren könnte.

Saint-Etienne

Nachdem das große Modernisierungsvorhaben vollendet wurde, ist jetzt eine Periode verhältnismäßiger Ruhe eingetreten. Es gibt noch immer Pläne für eine zweite Straßenbahnlinie zwischen dem Gare de Châteaucreux im Westen und La Métare im Osten der Stadt. Über neue Entwicklungen kann jedoch nicht berichtet werden.
Im September 2001 wurde der 932 als erster Wagen in den neuen Betriebsfarben, grau mit einem grünen Streifen, lackiert.

Grenoble. Die Linie B an der neuen Endstelle Cité Internationale, 2. Juli 2001 (Roland De Coster).

Grenoble

Am 2. Mai 2001 wurde die Linie B um 600 m vom Palais de Justice zum Cité Internationale verlängert. Im November 1999 war diese Linie bereits vom Bahnhof zum Palais de Justice verlängert worden. Damit ist sie jetzt 7 km lang. Im Jahr 2004 will man diese Linie am anderen, östlichen Streckenende zum Bahnhof van Gières verlängern.
Nach dem Beschluß, die künftige Linie C auch als Straßenbahn auszuführen (früher waren auch Spurbusse in kurzer Zeit im Gespräch), hat man energisch an der Ausarbeitung der Pläne gearbeitet. Die Linie C wird 13,5 km lang und soll Seyssins im Westen über die Innenstadt mit Gières im Osten verbinden, wo es eine gemeinsame Endhaltestelle mit der Linie B geben wird. Die *déclaration d'utilité public* wird für Anfang 2002 erwartet. Wenn alles planmäßig verläuft, wird die Linie im Jahre 2005 fertiggestellt sein. In Kürze werden hierfür 35 neue Wagen bestellt. Zufall oder nicht, das ist genau die Anzahl von Wagen, die in Paris in einigen Jahren durch die Lieferung der neuen Serie von Citadis-Wagen überzählig wird.

Montpellier

Die Straßenbahn ist hier, wie eigentlich überall, schnell zu einem großen Erfolg geworden. Am 1. Juli 2000 wurde der Straßenbahn-

Montpellier. Nach dem großen Erfolg dieses neuen Betriebs erhalten die wagen in Kürze zusätzliche Mittelteile. Place du Theatre, 6. Juni 2001 (Marco Moerland).

betrieb eröffnet, und schon innerhalb eines Jahres beförderte das neue Nahverkehrsmittel 70.000 Fahrgäste pro Tag. Das ist erheblich mehr als erwartet und als vorhersehbare Folge ist schon jetzt ein Wagenmangel entstanden. Die schnellste und billigste Lösung ist eine Verlängerung der 28 Citadis-Wagen (Serie 1001-1028) mit zwei zusätzlichen Modulen (eine Sektion mit Untergestell von 4,5 m und ein schwebendes Zwischenmodul von 6,5 m). Die Wagen werden hierdurch 40,5 m lang und statt 220 können künftig 320 Passagiere befördert werden. Außerdem sollen zwei zusätzliche Wagen beschafft werden, da immer ein bis zwei Wagen für die Umbauarbeiten abgestellt werden müssen. Auch einige Haltestellen und die Gleise im Betriebshof müssen an die längeren Wagen angepaßt werden.

Der Bau einer zweiten Straßenbahnlinie ist wegen dieses Erfolges eine beschlossene Sache. Diese zweite Linie wird 19 km lang und verbindet Saint-Jean-de-Védas im Südwesten über die Innenstadt mit Castelnau-de-Nez und Jacou im Nordosten. Die Streckenführung in der Innenstadt liegt noch nicht fest. Da die Stadtverwaltung zunächst die Linie 1 an beiden Endstellen 2004 von Odysseum nach Centre Commercial Mise (500 m) und 2006 von Mosson nach Celleneuve (1 km) verlängern will, wird die zweite Linie nicht wie anfänglich geplant 2004 sondern wahrscheinlich erst 2006 in Betrieb gehen.

Montpellier. Die bauliche Gestaltung der Haltestellen fällt bei vielen französischen Straßenbahnbetrieben auf. Dabei werden oft hohe gläserne Überdachungen verwendet. Corum, 12. Juli 2001 (Luc Koenot).

Marseille. Die einzige Straßenbahnlinie, die hier übrig geblieben ist, scheint Ausgangspunkt für ein vollständig neues Straßenbahnnetz zu werden. Die PCC-Wagen werden dabei Niederflurbahnen weichen müssen. Boulevard Chave, 13. Juli 2001 (Luc Koenot).

Marseille

Es scheint, daß es hier nach langjähriger Ruhe einen Sturm gibt. Denn im Juli 2000 beschloß man, bis zum Jahre 2015 den beachtlichen Betrag von 8,5 Milliarden Franc in den öffentlichen Nahverkehr zu investieren. Beide U-Bahnlinien werden verlängert, doch bemerkenswerter ist, daß auch 15 km neue Straßenbahnlinien entstehen sollen. Der allmählich etwas heruntergekommene Straßenbahnbetrieb scheint damit auf einmal einer rosigen Zukunft entgegenzusehen.

Die einzige Straßenbahnlinie 68 Noailles – St. Pierre wird modernisiert und an beiden Enden verlängert. Ab dem unterirdisch gelegenen Endpunkt Noailles mit neun Haltestellen nach Bougainville (Endstation der U-Bahnlinie 2) und ab St. Pierre mit sieben Haltestellen nach Les Caillols. Die Gesamtlänge erhöht sich damit auf 9,6 km. Außerdem entsteht eine fast 5,5 km lange völlig neue Linie vom Place Quatre Septembre im Westen über das Stadtzentrum nach La Blancarde, wo ein Anschluß an die Linie 68 entsteht. Die Plänen sehen vor, diese Erweiterungen Ende 2006 fertigzugestellen.

Dafür reichen die derzeit vorhandenen neunzehn PCC-Wagen natürlich nicht aus. Außerdem stammen diese Wagen zum größten Teil aus den Jahren 1968 bis 1969. In absehbarer Zeit wird man also eine große Anzahl von neuen Wagen bestellen müssen.

Nice

Im vorigen Jahr konnte bereits berichtet werden, daß nun auch Nice zu den Städten gehört, die die Straßenbahn befürworten. Inzwischen ist mehr über diese Pläne bekannt. Als erstes soll eine 8,5 km lange Linie von Comte de Falicon im Norden der Stadt über Charles de Gaulle, Gare Thiers, Place Masséna und Place Garibaldi (zwei Plätze, die früher Knotenpunkte des Straßenbahnverkehrs waren) nach Garigliano im Osten der Stadt führen. Wenn der Bau wie geplant im Jahre 2002 beginnt, kann die Linie 2005, zusammen mit der zum Teil schon fertiggestellten Schnellbustrasse fertig sein. Im Jahre 2007 folgte eine zweite 6 km lange Linie in den Westen der Stadt und 2015 eine dritte Linie in Nord-Süd-Richtung. Ehe es soweit ist, gibt es aber noch mindestens zwei Kommunalwahlen. Ob die Pläne wirklich in dieser Form realisiert werden, ist also noch unsicher.

Nice hatte früher ein verhältnismäßig kleines, meterspuriges Stadtnetz, dessen letzte Linie 1953 eingestellt wurde. Wichtiger waren die vielen Dutzend Kilometer langen Überlandlinien nach u.a. Antibes, Monte Carlo und Menton, die größtenteils unmittelbar an der Küste des Mittelmeeres entlang verliefen. Diese wenig genutzten Außenlinien, auf denen vorwiegend Zweiachser fuhren, waren bereits zu Anfang der dreißiger Jahre aufgegeben worden.

Toulon

Obwohl die neue Stadtverwaltung diese Pläne wieder zur Diskus-

sion gestellt hat, erhält auch die südfranzösische Hafenstadt Toulon möglicherweise innerhalb von einigen Jahren wieder eine Straßenbahn. Der vorherige Straßenbahnbetrieb der Stadt bestand auf seinen Höhepunkt im Jahre 1940 aus neun Linien, aber mangels Geld und Interesse wurde der vollständige heruntergekommene Betrieb 1955 eingestellt. Eine Anzahl von Außenlinien wurde bereits in den dreißiger Jahren aufgegeben.
Die Verkehrsbehörde Sitcat (*Syndicat intercommunal des transports de l'agglomération toulonnaise)* plant im Augenblick den neuen Straßenbahnbetrieb, der ab 2005 seine Tätigkeit aufnehmen soll. Die erste Linie mit einer Länge von 15 km verbindet La Seyne im Westen der Stadt über das Stadtzentrum mit La Garde im Nordosten. Es ist nicht erstaunlich, daß auf dieser Strecke schon früher Straßenbahnwagen fuhren. Später soll die Linie an beiden Enden verlängert werden. Bei AnsaldoBreda wurden 26 Zweirichtungswagen vom Typ Sirio bestellt. Für das Gesamtnetz werden insgesamt 47 Wagen benötigt.
Es ist inzwischen schon klar, daß die Straßenbahn frühestens 2010 in Betrieb geht, denn der Bau eines Verkehrstunnels nimmt mehr Zeit in Anspruch als vorgesehen. Erst nach seiner Fertigstellung können aber die Arbeiten für die Straßenbahnlinie beginnen. Die Frage ist, ob die Kommunalpolitiker dann den Mut haben, die Stadt abermals für einige Jahre in ein Chaos zu verwandeln. Außerdem soll die Bestellung der neuen Rollmaterial von Herstellern, die jetzt leer ausgingen angefochten werden. Sie argumentieren, daß der Aufschub ihnen die Möglichkeit biete, ein neues und besseres Angebot zu unterbreiten.

Bordeaux

In dieser Stadt wird schnell gearbeitet. Im Februar 2000 beschloß die Stadtverwaltung den Bau eines Straßenbahnnetzes und noch im selben Jahr wurde mit dem Bau begonnen. Am 16. Oktober wurden im Lormont und im Nordosten der Stadt bereits die ersten Schienen verlegt. Anfang 2003 soll der erste Abschnitt in Betrieb genommen werden, eine Frist, die durchaus realistisch erscheint. Es werden drei Linien entstehen, die vorläufig A, B und C genannt werden. Die Linie A soll sich im Nordosten der Stadt verzweigen.
Der Bau des drei Linien umfassenden Netzes mit einer Gesamtlänge von 22,5 km wurde einem Konsortium der Betriebe Alstom, Drouard und Cogifer übertragen. Natürlich werden hier Citadis-Triebwagen verkehren. Im April 2000 sind 38 Wagen bestellt worden (32 mit einer Länge von 40 m und sechs mit einer Länge von 30 m) mit einem Vorkaufsrecht auf weitere 32 Wagen. Im März 2001 stellte Alstom ein Modell in Originalgröße vom zukünftigen Wagen aus. Das war jedenfalls ein Erfolg, denn mehr als 80.000 Besucher kamen. Obwohl nicht alle Einzelheiten fertig ausgearbeitet waren, wurde klar, daß die Wagen ein sehr originelles Design erhalten werden. Die Idee einer unterirdischen Stromzufuhr im Zentrum wurde wohl nicht weiter verfolgt.

Italien

Langsam, aber sicher werden die ersten neuen Straßenbahnbetriebe in Italien realisiert. In Messina ist der südliche Teil der ersten Straßenbahnlinie fast vollständig fertiggestellt, aber im Norden ist noch viel zu tun. Auch das bestellte Rollmaterial (fünfzehn Niederflurwagen vom Typ „Cityway“) ist noch nicht ausgeliefert worden. Die geplante Eröffnung im Herbst 2001 kommt auf jeden Fall nicht zustande. Ein neues Datum ist noch nicht bekannt. In Florenz haben im Januar 2001 die vorbereitenden Arbeiten für die erste Linie begonnen. Sie wird ab 2004 den Hauptbahnhof Santa Maria Novella mit der Vorstadt Scandicci verbinden. Nach dieser ersten Linie sollen noch zwei weitere folgen. Für eine dieser Linien ist die Finanzierung bereits gesichert. Auch in Sassari auf Sardinien wird gebaut. Die Planung für Bergamo, Palermo und Verona wird fortgesetzt, so daß die Bauarbeiten in diesen Städten hoffentlich innerhalb kürzester Zeit beginnen können. In einer Anzahl anderer Städte hat man die Straßenbahnprojekte wohl stillschweigend zu den Akten gelegt.

Mailand

An verschiedenen Stellen in der Stadt arbeitet man am Bau der ersten beiden Schnellstraßenbahnlinien der sogenannten „Metrotranvie“. Die südliche Linie (*metrotranvia sud)* wird faktisch eine verlängerte Linie 15 (Duomo – Rozzano). Die heutige Strecke zwischen Porta Lodovica und Piazza Abbiategrasso mit ihren Engstellen wird durch eine neue Strecke ersetzt. Die nördliche Linie (*metrotranvia nord)* wird die Stazione Garibaldi mit Parco Nord an der Stadtgrenze von Bresso verbinden und wird zu einem erheblichen Teil die Strecke der Überlandlinie nach Desio mit benutzen. Diese Linie ist seit dem 11. September 2000 bis zur Stadtgrenze verkürzt worden. Die offiziellen Pläne sehen zwar eine gemeinsame Endstelle Parco Nord für die Straßenbahn und die Überlandbahn vor, aber die Zukunft der beiden Überlandbahnen ist noch immer unklar.

Auch die Straßenbahnlinie 3 muß dem Bau der *metrotranvia nord* weichen. Wegen einer langfristigen Sperrung der Via Farini ist die Strecke nach Piazzale Bausan nicht befahrbar. Ab 10. Juli 2000 bis voraussichtlich Januar 2002 hat die Linie 3 ihre zeitweise Endstelle am Betriebshof Messina. Bei der Verlegung der neuen Gleise für die Schnellbahn in der Via Farini sind die Weichen zur früheren Endstelle der Überlandbahn in der Via Valtellina entfallen.

Mailand. Die Linie 24 wurde im Süden der Stadt nach Selvanesco verlängert. Die neue Strecke verläuft fast vollständig auf eigener Trasse. Via Ripamonti, 10. Juni 2001 (David van der Spek).

Mailand. Auch von hinten sind die Niederflurwagen auffällig gestaltet. 4. Juli 2001 (John Krijgsman).

Mailand. Die Gelenkwagen der Reihe 4800, die noch keine große Revision erhalten haben, sollen abgestellt werden. Roserio, 9. September 2000 (Paul van Baarle).

Auch bei den neuen Gleisen für die Schnellbahnlinie sind nach mailänder Tradition an mehreren Stellen Bögen mit sehr engen Durchmessern eingebaut worden. Dem Verkehrsbetrieb von Mailand scheint nicht klar zu sein, daß es für den Entwurf einer Schnellstraßenbahnlinie andere Bedingungen zu berücksichtigen gibt. Auch an anderen Stellen gab es Sperrungen im Zusammenhang mit dem Bau von Schnellstraßenbahnlinien. So bei der Stazione Garibaldi wegen des Baus der künftigen Endschleife der *metrotranvia nord* und in der Corso Italia, wo man die Gleise für die *metrotranvia sud* ersetzte. Dadurch kehrte die Linie 15 für einige Monate auf ihre alte Fahrtroute, vorbei an der Basilika San Lorenzo, zur Endschleife Via Spadari zurück.

Im vergangenen Jahr ist das Straßenbahnnetz erweitert worden. Am 2. November 2000 ist die Verlängerung der Linie 24 von Via Noto zur Via Selvanesco eröffnet worden. Die neue Strecke ist 1,5 km lang und liegt größtenteils auf eigener Trasse in der Mitte der Via Ripamonti, der Ausfallstraße nach dem Süden.

Die Auslieferung und Inbetriebnahme der Eurotrams erfolgt langsam. Im Sommer 2001, eineinhalb Jahre nach der Auslieferung des ersten Wagens, waren erst vierzehn der 26 Wagen vorhanden. Im Augenblick verkehren höchstens sechs Wagen zu gleicher Zeit auf

der Linie 14, der mit 50.000 Fahrgästen pro Tag am meisten befahrenden Linie des Netzes.
Ein Vorführmodell des neuen Standardwagens von AnsaldoBreda, der Sirio, hat 2001 geraume Zeit in der Hauptwerkstätte des Verkehrsbetriebes gestanden. Es handelte sich hierbei um einen unvollständigen dreiteiligen Prototyp, der nur auf dem Betriebshofgelände Probefahren gemacht hat. Die Auslieferung der ersten echten Sirio für Mailand erfolgt möglicherweise noch vor Ende des Jahres 2001. Der Bestellung von 58 siebenteiligen Sirio für die beiden Schnellstraßenbahnlinien folgte inzwischen die Bestellung von 35 fünfteiligen Wagen, welche für die Ringlinien 29 und 30 bestimmt sind.
Obwohl ein Teil der Sirio für die *metrotranvia nord* bestimmt ist, wird die Auslieferung einer so großen Zahl von neuen Wagen (insgesamt 119 Wagen, verteilt über drei Serien) auch Folgen für den bestehenden Wagenpark haben. Bereits bekannt war, daß etwa zwölf Doppelgelenkwagen des Typs 4800, die in den siebziger Jahren aus Vierachser umgebaut worden waren, keine Hauptuntersuchung mehr erhalten und abgestellt werden. Die Auslieferung der kurzen Sirio wird die teilweise oder vollständige Aussonderung der 33 Gelenkwagen der Reihen 4600 und 4700 zur Folge haben. Schließlich wird auch eine Anzahl der unverwüstlichen Vierachser aus dem Jahre 1928 ausgemustert werden. Ihre Anzahl soll von heute 198 Wagen auf etwa 70 im Jahre 2003 verringert werden.

Turin

Die Auslieferung neuer Niederflurwagen vom Typ „Cityway“ ist angelaufen. Das neue Rollmaterial wurde dem Publikum erstmals um den Jahreswechsel 2000/2001 vorgestellt. Mehr als zwei Wochen war der wegen Fehlens der elektrischen Anlage nicht betriebsbereite erste Wagen mit der Nummer 6000 auf der Piazza Castello ausgestellt worden. Es handelt sich hierbei um das erste im Fiat-Werk Savigliano des Alstom-Konzerns hergestellte Schienenfahrzeug. Nach den Feiertagen kehrte der Wagen in die Fabrik zurück, um dort komplettiert zu werden.
Die ersten fünf Wagen (mit den Nummern 6000-6004) sind inzwischen abgeliefert, aber noch nicht im Fahrgastverkehr eingesetzt worden. Es handelt sich um siebenteilige Einrichtungswagen mit einer Länge von 34 m. Die übrigen (es sind zunächst 55 bestellt) werden als Zweirichtungswagen ausgeliefert und werden etwa 4 m kürzer sein. Diese Zweirichtungswagen werden die Semimetrowagen der Reihe 7000 ersetzen, welche jetzt noch auf den Linien 3 und 9 verkehren. Diese Wagen der Reihe 7000 werden möglicherweise einem regionalem Verkehrsbetrieb verkauft, der plant, den Betrieb auf einigen Eisenbahnlinien in der Umgebung Turins von der FS zu übernehmen.
Die Verlängerung der Linie 4 nach Mirafiori Süd wird voraussichtlich Ende des Jahres 2001 eröffnet. Ende Juli erfolgte die erste Probefahrt auf der neuen Strecke. Die Arbeiten sind inzwischen soweit

Turin. Die neuen Niederflurwagen vom Typ Cityway werden nur noch bei Probefahrten eingesetzt. Das Äußere ähnelt in groben Zügen dem Entwurf der neuen Wagen für Rotterdam. Corso Giulio Cesare, 17. Juli 2001 (Luc Koenot).

fortgeschritten, daß diese Linie seit dem 14. August 2001 ihre ursprüngliche Endstelle auf der Piazza Caio Mario wieder nutzen kann.
Mit Blick auf die Olympischen Winterspiele im Jahre 2006 sind die Arbeiten für den Bau einer automatischen U-Bahn vom Typ VAL im Dezember 2000 endlich angelaufen. Eine VAL-Bahn konnte im Frühling 2001 einige Wochen auf der Piazza Carlo Felice besichtigt werden. Die erste Linie der Stazione Porta Nuova nach Collegno wird weitgehend der westlichen Strecke der Straßenbahnlinie 1 folgen. Diese wurde dann auch zum 21. Mai 2001 eingestellt. Damit verschwand die Straßenbahn aus der Corso Francia, einer wichtigen Ausfallstraße im Westen der Stadt. Obwohl die U-Bahn erst später in südlicher Richtung verlängert wird, ist gleichzeitig auch der südliche Ast der Linie zur Corso Maroncelli durch Busse ersetzt worden. Ein großer Teil dieser Strecke wird aber noch von der Linie 18 befahren.

Rom

Obwohl man versprochen hatte, nach dem heiligen Jahr 2000 den Ausbau des Straßenbahnnetzes fortzusetzen, wurden keine neuen Straßenbahnstrecken begonnen. Zum mindesten war im Sommer

Turin. Obwohl ihr Verkauf geplant ist, wurden einige Semi-U-Bahnwagen in den neuen Farben lackiert. Piazza della Repubblica, 22. März 2001 (MT).

2001 die Ausschreibung für den Bau der Strecke Largo di Torre Argentina – Piazza Venezia, einer Verlängerung der Linie 8, sowie der geplanten Straßenbahnlinie Termini – Aurelio – Vatikan angekündigt worden.
Die Straßenbahnlinien 225 und 516 erhielten zum 1. November 2000 die neuen Liniennummer 2 und 5. Die geplante Linie 7 (Piazza del Risorgimento – Piazza Mancini) verkehrt noch immer nicht. Die nächtlichen Fahrten der Linie 8, die bis 02.00 Uhr viertelstündlich durch das Vergnügungsviertel Trastevere verkehrte, sind durch Busse ersetzt worden.
Inzwischen ist die Auslieferung der zweiten Serie Niederflurwagen des Typs 9200 „Cityway" angelaufen. Sie soll aus 50 siebenteiligen Wagen bestehen. Die 9200-er werden ausschließlich auf der Linie 8 eingesetzt. Hierdurch verkehren einige Niederflurwagen der Reihe 9100 auf der Linie 19 und manchmal auch auf der Linie 3. Es sind auch zwei neunteilige Wagen mit den Nummern 9217 und 9218 ausgeliefert worden, aber es ist nicht sicher, ob sie von den ATAC in Betrieb genommen oder vielleicht nur als Ersatzteilspender genutzt werden. Ihr heutiger Standort auf einem Außengelände des Busbetriebshofes Collatina, zwischen abgestellten Wagen, läßt nichts Gutes erwarten.

Rom. Einige Gelenkwagen der Reihe 7000 haben eine neue Lackierung erhalten, bei der die Farben gegenüber der ursprünglichen Lackierung dieser Wagen umgekehrt wurden. Porta Maggiore, 28. Mai 2001 (René van Lier).

Die Ablieferung der Niederflurwagen hat selbstverständlich dazu geführt, daß älteres Rollmaterial abgestellt wurde. Von den klassischen Vierachsern (der Reihe 2000) aus den Jahren 1927 bis 1934 werden noch vier Wagen eingesetzt, die alle einem Wagenkasten aus den achtziger Jahren haben. Sie fahren in den Hauptverkehrszeiten auf der Linie 14. Von den 22 PCC-ähnlichen Vierachsern der Reihe 8000 aus den fünfziger Jahren fährt noch ungefähr die Hälfte. Sie erbringen einen Teil der Leistungen auf den Linien 5 und 14. Die Gelenkwagen der Reihe 7000 werden wohl länger eingesetzt. Der größte Teile hat neue digitale Linien- und Zielanzeigen erhalten. Einige Wagen sind umfassend modernisiert worden und erhielten dabei eine neue Lackierung in zwei grünen Farbentönen, den traditionellen Farben des Öffentlichen Nahverkehrs in Italien. Die 7000-er verkehren auf den Linien 2, 5, 14 und 19.
Auch die ältesten Niederflurwagen der Reihe 9000 haben neue Gehäuse für die Zielfilmrollen erhalten, welche nicht nur die Liniennummer, sondern auch das Fahrziel zeigen. Sie verkehren hauptsächlich auf der Linien 3 und können daneben auch auf den Linien 14 und 19 beobachtet werden. Übrigens spricht man zehn Jahre nach dem Konkurs des Herstellers Socimi immer noch von der Fertigstellung weiterer 9000-er durch die ATAC selbst. Von den

60 bestellten Wagen sind damals nur 33 ausgeliefert worden. Weil die ATAC auch zu wenig Ersatzteile erhielt, sind die drei Wagen 9030, 9032 und 9033 sofort nach ihrer Ablieferung zu Ersatzteilspendern degradiert worden. Diese Wagen, die auch in Collatina stehen, haben also nie Beförderungsleistungen erbracht. Mit Hilfe der damals von AEG an Socimi gelieferten elektrischen Anlagen und den vorhandenen Drehgestellen sollen, hartnäckigen Gerüchten zufolge, doch noch acht neue Wagen zusammengebaut werden.

Am 1. März 2001 ereignete sich ein schwerer Unfall an der Endstelle Casaletto, bei dem es 30 Verwundeten gab. Der Fahrer eines Wagens der Linie 8 war ohnmächtig geworden und die Bahn mit hoher Geschwindigkeit in der Endschleife entgleist. Der Wagenkasten des ersten Teiles des Niederflurwagens 9102 stürzte 10 m tief auf einen Auto. Der Rest des Wagens blieb in der Endschleife stehen. Das betroffene Fahrzeug wird wohl nicht wieder instand gesetzt. Solange die Unfallursache nicht vollständig geklärt ist, hat man die Linie 8 um einige Haltestellen bis zur Largo Ravizza verkürzt. Die Wagen fahren ohne Fahrgäste noch einige hundert Meter weiter bis zur Gleisverbindung bei der Piazza San Giovanni de Dio, wo sich früher die Endschleife befand.

Für den verbliebenen Streckenteil der Schmalspurbahn von Rom nach Pantano sind unerwartet neue Wagen geliefert worden. Fire-

Messina. Der Bau der neuen Straßenbahnlinie geht gut voran, wenn auch die Eröffnung bis auf weiteres verschoben wurde. Viale San Martino, 29. August 2001 (Quintus Vosman).

ma und Ansaldo haben sechs zweiteilige Gelenkwagen (Nr. 830-835) gebaut. Sie sind baugleich mit der Doppelgelenk-Version von 1989 (Reihe 820). Die Auslieferung von neuem Rollmaterial ist bemerkenswert, weil diese Strecke nach dem Bau der dritten U-Bahn weiter an Bedeutung verlieren wird. Im März 2000 wurde der regionale Verkehrsbetrieb Cotral aufgespalten. Die Betriebsführung der Linie nach Pantano der U-Bahn von Rom und zweier Vorortbahnen wurde an den neuen Betriebsführer Metroferro übertragen. Cotral führt jetzt nur noch den Betrieb der regionalen Buslinien durch.

Neapel

Am 20. November 2000 ist die Strecke von Piazza Vittoria nach Campi Flegrei eingestellt worden. Dies war die letzte übriggebliebene Straßenbahnstrecke westlich des Stadtzentrums. Offiziell erfolgte die Einstellung nur vorübergehend wegen Bauarbeiten. Da diese Strecke aber keine Rolle in den Zukunftsplänen für das Straßenbahnnetz in Neapel spielt, ist zweifelhaft, ob die Straßenbahn jemals hierher zurückkehren wird. Als Folge dieser Streckenschließung ist die Linie 1 von Piazza Sannazaro bis Piazza Vittoria verkürzt worden und die erst 1999 in Betrieb genommene Linie 2 wurde vollständig eingestellt.

Spanien und Portugal

Barcelona
Nachdem Ende April 2001 die entsprechenden Verträge unterschrieben wurden, begannen im Juni an acht verschiedenen Stellen die Arbeiten zum Bau der Straßenbahn. Der Name Trambaix – als Hinweis auf die Baix de Llobregat, die sie mit der Stadt verbinden werden – ist inzwischen den üblicheren Begriff Tram gewichen. Die drei Linien sollen im Herbst 2003 verkehren. Das Straßenbahnnetz wird mit 15,8 km um 600 m länger sein, als ursprünglich geplant.
Man hat nämlich beschlossen, daß die Linie T1 über einen Umweg am neuen Krankenhaus in Cornella vorbei führen soll. Es werden Verlängerungen an beiden Streckenenden erwogen, aber dazu gibt es noch keine Beschlüsse. Bei Alstom sind 20 fünfteilige Citadis-302-Wagen mit einer Länge von mehr als 33 m bestellt worden. Die Zweirichtungswagen werden von der Alstom-Niederlassung in der Nähe von Barcelona gebaut.

Bilbao
Die Arbeiten an der Straßenbahnlinie kommen gut voran. Auf einem großen Teil der Strecke waren Anfang 2001 bereits Gleise verlegt. Die teils als eingleisige Strecke mit einer Länge von 4,5 km führt vom Euskotren-Bahnhof Atxuri über das Zentrum, das Guggenheim-Museum und den Busbahnhof San Mames nach Basurto im Westen der Stadt. Ungewöhnlich ist der Bau der Straßenbahnlinie in Meterspur. Obwohl es keine Pläne dazu gibt, wäre dadurch eine Verbindung mit den regionalen Eisenbahnlinien von Euskotren möglich. Die unterschiedlichen Fahrspannungen machen das jedoch nicht leichter. Ende 2000 präsentierte der Hersteller CAF ein 1:1-Modell des Kopfes der künftigen Niederflurwagen. Es sind zunächst sieben dreiteiligen Wagen geplant, auf Basis der ebenfalls von CAF für Valencia gebauten Wagen. Als Kontrast wurde Triebwagen 4 des früheren Straßenbahnbetriebs von Bilbao daneben ausgestellt. Dieser Wagen war 1999 vom Straßenbahnbetrieb Sóller zum Eisenbahnmuseum in Azpeitia überführt worden.
Der Betriebsführer der Straßenbahnlinie, die Baskische Eisenbahngesellschaft EuskoTren hat Anfang 2001 Pläne für den Bau von Straßenbahnlinien in den Orten San Sebastián, dem nahe gelegenen Deba und Vitoria präsentiert. Dafür werden insgesamt 84 Wagen benötigt. In Vitoria wollte man bereits vor einigen Jahren mit dem Bau beginnen, aber ein politischer Machtwechsel setzte diesen Plänen ein Ende. Dieses Mal hat die baskische Regierung grünes Licht gegeben, wodurch die Realisierung wahrscheinlicher wird.

La Coruña. Der Museums-Straßenbahnbetrieb stellte einen Triebwagen aus Lissabon mit der Nummer 100 in Dienst. 26. August 2001 (Hans Oerlemans).

La Coruña

Die touristische Straßenbahnlinie wurde im August 2000 verlängert und verbindet jetzt den Strand von Riazor mit Puerta Real am Rande der Innenstadt. Die Linie hat damit eine Länge von insgesamt 5,1 km. Im Sommer fährt die Bahn täglich, in den übrigen Jahreszeiten nur an Wochenenden und Feiertagen. Drei Wagen fahren dann im Zwanzigminutentakt. Der aus Lissabon übernommene Zweiachser 743 wurde umgespurt und unter der Nummer 100 in Betrieb genommen. 2002 soll ein zweiter mit der Nummer 101 folgen. Man will die Museumsbahn noch immer zu einem „seriösen" modernen Straßenbahnbetrieb ausbauen.

Mallorca

Die Zahl der Pläne für den Bau neuer Schienenverbindungen wächst hier genauso schnell wie der Straßenverkehr. Man sucht jetzt die Lösung für eine Schienenverbindung zwischen dem Flughafen und dem Zentrum Palma. Welche Form man wählen sollte, ob eine (schmalspurige) Eisenbahn, eine U-Bahn oder eine Schnellbahn, ist noch nicht klar.
Die Bahn von Sóller verkehrt inzwischen weiter. Von den geplanten vier zweiachsige offene Triebwagen und sechs ebenfalls offene Beiwagen, die in eigener Werkstatt gebaut werden sollen, wurde der erste Beiwagen abgeliefert.

Valencia

Anfang 2001 war Baubeginn für eine neue Linie 5 zwischen Alame-

da und Parque Ayora. Diese 2,4 km lange Strecke liegt vollständig unterirdisch. Die Linie verkehrt zunächst zwischen Parque Ayora und Avenida del Cid (größtenteils eine Gemeinschaftsstrecke mit U-Bahnlinie 3), wird aber schließlich eine Verbindung zwischen Riba-Roja westlich der Stadt, dem Flughafen Mistala, dem Renfe-Bahnhof und Balcon del Mar an der Küste im Osten herstellen. Die Streckenlänge dieser Linie wird dann 20 km betragen. Nur der 1,8 km lange östlichste Abschnitt zwischen Parque Ayoura und der Küste wird als echte Straßenbahn im Straßenplanum gebaut.
Anders als auf der Straßenbahnlinie 4 werden auf der Linie 5 Hochflurwagen verkehren, da diese Linie die U-Bahntunnel und Stationen mit den hohen Bahnsteigen mitbenutzt. Die Linie 4 wird kurzfristig von der Endhaltestelle Feria (eröffnet im Oktober 1999) nach Paterna, wo man zur U-Bahnlinie 1 nach Lliria umsteigen kann, weiter verlängert. Auch will man noch 2002 mit dem Bau einer Straßenbahnlinie beginnen, welche die Stadt in Nord-Süd-Richtung durchquert. Da die exakte Streckenführung noch nicht feststeht, ist es unsicher, ob man dieser Termin zu halten ist. Doch steht bereits fest, daß dies die Linie 2 werden soll.

Alicante

Der vorgesehene Bau von zwei meterspurigen Straßenbahnlinien im Anschluß an die ebenfalls meterspurige Linie nach Denia wird allmählich konkret. Die erste Strecke durch die Stadt zwischen dem Renfe-Bahnhof und El Campello könnte im Jahre 2003 fertig sein. Hierfür werden neun Wagen benötigt, für welche die Ferrocarrils de Generalitat de Valenciana (FGV) bei Alstom, Siemens und CAF

Alicante. Noch immer fährt ein Wagen aus Valencia auf der eingleisigen Strecke nach Puerta del Mar. 30. April 2001 (Bernard Kußmagk).

angefragt hat. Schließlich wird das Straßenbahnnetz eine Länge von 30 km erhalten. Auf dem elektrifizierten Abschnitt der Linie nach Denia verkehren noch immer die zwei Niederflurwagen von der FGV aus Valencia und Wagen 500 aus dem deutschen Halle. Der Verkehrsbetrieb dort hat anscheinend keine sinnvolle Aufgabe für den Niederflur-Prototyp 500, denn er ist bereits seit 1999 in Spanien.

Málaga

Der bereits vor einigen Jahren präsentierte Plan für den Bau von fünf Straßenbahnlinien mit einer Gesamtlänge von 25 km liegt immer noch unberührt auf dem Tisch und ist seiner Realisierung nicht näher gekommen. Letzten Nachrichten zufolge soll die erste Linie zwischen dem Renfe-Bahnhof im Westen und Teatinos im Osten der Stadt nun vollständig oberirdisch verlaufen. Früher war von Tunnelstrecken die Rede. Der Bau solle laut den zitierten Berichten in Kürze beginnen, aber solche unkonkreten Hinweise sollen meist davon ablenken, daß noch nichts Genaues zu vermelden ist.

Sevilla

Nachdem es jahrelang still um die Pläne dieser südspanischen Stadt war, wurde im Dezember 2000 bekannt, daß ein Vertrag über den Bau eines Strassenbahnnetzes mit vier Linien abgeschlossen wurde. Drei dieser vier Linien führen durch das alte Stadtzentrum, wo die Strecken wegen der zahllosen engen Gassen im Tunnel liegen sollen. Teile davon sind bereits vorhanden, weil Sevillla zur

Sóller. Die ersten in eigener Werkstatt gebauten vierachsigen Beiwagen sind in Betrieb genommen worden. Port de Sóller, 27. April 2001 (Jaap van der Noordt).

Weltausstellung im Jahre 1992 eine U-Bahn erhalten sollte. Die vierte Linie wird eine Ringlinie die Altstadt umschließen. Jetzt muß abgewartet werden, ob diese Pläne für ein Netz mit einer Gesamtlänge von 45 km diesmal zu einem Ergebnis führen werden.

Lissabon
Trotz Unkenrufen wurde die Linie 18 nach Ajuda nicht eingestellt. Ab Samstag Nachmittag und am Sonntag wurde der Verkehr auf dieser Linie jedoch ab Ajuda bis zum Anschluß an die Linie 15 in der Nähe des Betriebshofes Santo Amaro verkürzt, wo die Wagen im Betriebshof wenden. Die Strecke zwischen Praça do Comercio und der Schleife bei Alfandega, wo die Linien 18 und 25 ihre Endhaltestelle hatten, wird nicht mehr befahren. Die Linie 18 endet jetzt im Zentrum beim Praça da Figueira und die Linie 25 am Corpo Santo, westlich des Praça do Comercio.
Es scheint, daß die Carris mit der Stadtverwaltung pokert und dabei die Straßenbahn als Ihren Einsatz nutzt. Die Behinderungen durch den Autoverkehr stören eine zügige Abwicklung des Straßenbahnverkehrs, wodurch dieser für die Fahrgäste unattraktiv wird. Da die Stadtverwaltung nicht beabsichtigt, den zunehmenden Autoverkehr einzuschränken, hat die Carris im Gegenzug den Vorschlag gemacht, die Straßenbahn nur noch als touristische Attraktion zu betreiben. Der Verkehr soll auf ein paar Stunden täglich eingeschränkt und dafür eine höheren Fahrpreis verlangt werden. Dadurch würde dieselbe Situation wie in Porto entstehen. Gleichzeitig gibt es aber Pläne, zur Ergänzung der Straßenbahn in weiter entfernt gelegenen Außenvierteln ein Schnellstraßenbahnnetz zu bauen. Bei Algès sollte dieses Netz an die bestehende Linie 15 anschließen. Sehr konkret sind diese Pläne noch nicht. Es ist nur wenig geklärt. Nicht einmal, ob die Spurweite von 900 mm beibehalten werden soll.

Porto
Die Arbeiten für die Schnellstraßenbahn laufen auf vollen Touren. Der Zugverkehr auf dem Schmalspurnetz wurde bis Senhorada Hora verkürzt, damit die Schienen für die normalspurige Straßenbahn auf der Strecke nach Trindade verlegt werden können. Auch zwischen Trindade und Matosinhos, wo der Zugverkehr bereits von einigen Jahren eingestellt wurde, wird jetzt gebaut. Der Bau des Tunnels zwischen Trindade und Campanhã (Hauptbahnhof) wurde im Januar 2001 erheblich verzögert, weil am Bohrschild einige Häuser eingestürzt sind. Im Januar 2001 lieferte Adtranz den ersten von 70 Niederflurwagen vom Typ „Eurotram".
Ab Februar 2001 fahren die Museumswagen wieder über die vollständig erneuerten Strecke von Massarelos nach Largo do Viriato (in der Nähe von Carmo). Man arbeitet an der Verlegung der Gleise für eine Schleife im Zentrum. An mehreren Stellen liegen die Gleise bereits. Damit sind ab Massarelos wieder zwei Museumsstrecken in

Lissabon. Möglicherweise wird die Linie 15 Teil eines neu zu bauenden Schnellstraßenbahnnetzes. Belém, 18. Juni 2001 (Ernst Kers).

Porto. Der erste Niederflurwagen für das Schnellstraßenbahnnetz wird im Straßenbahnmuseum Massarelos vorgestellt. 30. Mai 2001 (Paul Wiggenraad).

Porto. In der Parade zum hundertjährigen Bestehen des Straßenbahnbetriebs fuhren auch einige Arbeitswagen mit. 5. Mai 2001 (Ernst Kers).

Betrieb, die 1E nach Infante und die 18 nach Viriato. Auf beiden Strecken verkehren zwischen 09.00 und 19.00 Uhr halbstündlich drei Wagen. Jetzt wird die Strecke am Ufer der Douro entlang in Richtung von Foz erneuert. Hier entsteht eine eingleisige Strecke auf eigener Trasse mit einer Anzahl von Ausweichen.
Überraschend ist der Plan des Verkehrsbetriebs, aus dem Museumsbetrieb wieder ein modernes Straßenbahnunternehmen entstehen zu lassen. Dazu muß man wissen, daß ein anderes Unternehmen das Schnellstraßenbahnnetz betreiben wird. Es werden drei Linien genannt, die auf dem Straßenbahnnetz basieren, das es kurz vor der „Einstellung" gab und auf denen modernes Rollmaterial eingesetzt werden soll. Hierfür würde man fünfzehn Wagen benötigen.

Sintra

Obwohl die Konzession von Stagecoach bereits am 1. Januar 2000 ausgelaufen ist, wurde der Betrieb der Straßenbahn noch immer nicht von der Stadt übernommen. Im Frühjahr 2001 lag der Betrieb sogar vollständig still. Dieser unklare Zustand wirkt sich auch auf die geplante Verlängerung von Ribeira nach Estefânia am Rande Sintras aus, so daß hier wenig Aktivitäten zu entdecken sind. Von den aus Lissabon übernommenen Wagen wurde 615 auf Meterspur umgespurt und rot lackiert. Er erhielt die Nummer 1, so daß es jetzt zwei, einen offenen und einen geschlossenen, mit dieser Nummer gibt.

Großbritannien und Irland

Croydon

Die Croydon Tramlink ist ein großer Erfolg. Im ersten Jahr nach der Eröffnung im Mai 2000 wurden auf den drei Straßenbahnlinien 16 Millionen Fahrgäste befördert. Es ist dem Betrieb noch immer nicht gelungen, den Verkehr nach dem vertraglich festgelegten Fahrplan auszuführen, der einen 10-Minutentakt auf den Linien 1 (Wimbledon – Elmers End) und 2 (West Croydon – Beckenham Junction) und einen $7\frac{1}{2}$ Minutentakt auf der Linie 3 (West Croydon – New Addington) vorsieht. Man erwartet, daß dies gegen Ende des Jahres 2001 endlich gelingen wird.

Nach einem entsprechenden Unfall griff der Verkehrsbetrieb zu einem ungewöhnlichen Mittel gegen das sogenannte Tram-Surfen: Die Stirnflächen der Fahrzeuge werden mit einer Farbschicht versehen, die klebrig bleibt und nicht trocknet. Der Erfolg der Straßenbahn führte selbstverständlich zu Überlegungen zur Erweiterung des Netzes. Am aussichtsreichsten sind im Augenblick eine Linie zum Crystal Palace im Nordosten Croydons und eine Verlängerung von Wimbledon zum südlich gelegenen Sutton.

Birmingham

Auch bei der Midland Metro zwischen Birmingham und Wolverhampton wurde das gesetzte Ziel noch nicht erreicht. Der Betreiber

Croydon. Ein Teil des Erfolges der Straßenbahn ist in den guten Umsteigemöglichkeiten an den meisten Endpunkten zu finden. Elmers End, 3. Mai 2001 (MT.)

Birmingham. Wegen Problemen mit der Fahrleitung mußte die Strecke in Wolverhampton im Juni 2001 einige Tage gesperrt werden. 28. Juli 2001 (Paul van Baarle).

kann noch immer nicht den vereinbarten 6-Minutentakt anbieten. Es hat sich herausgestellt, daß viele Straßenbahnwagen Kinderkrankheiten haben, wodurch regelmäßig Fahrten ausfallen. Inzwischen wurde eine Radsatzdrehbank im Betriebshof aufgestellt, um das Problem mit den auftretenden Flachstellen an den Rädern zu beheben, aber Mitte 2001 war die Anlage noch nicht in Betrieb.

Anfang Juli 2001 mußte der Straßenbahnabschnitt in Wolverhampton einige Tage stillgelegt werden. Die Aufsichtsbehörde forderte Veränderungen an der Fahrleitung, da die Gefahr bestand, daß bei einem Abreißen spannungsführende Leitungen auf die Straße fallen könnten. Die (auch durch Vandalismusschäden) unzuverlässigen Fahrscheinautomaten an den Haltestellen sind größtenteils entfernt worden. Als Ersatz fahren jetzt Schaffner auf den Wagen mit. Der Betreiber behauptet, daß die Tarife stark erhöht werden müssen, um den Vandalismus bekämpfen zu können.

Trotz dieser Probleme arbeitet man an Plänen zur Erweiterung des Netzes. Es handelt sich zunächst um eine Verlängerung von mehr als 3 km von der derzeitigen Endstelle Snow Hill in Birmingham nach Five Ways und zum Einkaufszentrum Edgbaston. Das zweite Projekt umfaßt einen Streckenast von 11,7 km über eine nicht mehr benutzte Eisenbahnlinie von Wednesbury nach Brierley Hill. Diese Strecke werden viele Fahrgäste benutzen, weil sie an den Einkaufszentren Dudley und Merry Hill vorbeiführt. Weil vorgesehen ist, diese Eisenbahnlinie wieder zu nutzen, wird die Midland Metro hier nur eingleisig verkehren können.

Sheffield

Die Fahrgastzahlen der Supertram nehmen stetig zu. Inzwischen sind es etwa 11 Millionen im Jahr. Die Schaffner in den Wagen können den Fahrgastandrang manchmal nicht mehr bewältigen, so daß man zur Verstärkung an einigen besonders stark frequentierten Haltestellen weitere Kollegen zur Verstärkung eingesetzt hat.
In den kommenden Jahren wird der Bahnhof von Sheffield umfassend modernisiert. Die jetzt ziemlich versteckt gelegene Straßenbahnhaltestelle hinter dem Bahnhof wird dabei einen prominenteren Platz erhalten. Für die Verlängerung von West Street zum Hallamshire Hospital, einer Strecke von 1 Kilometer, wurde noch immer keine Genehmigung erteilt.

Nottingham

Der Bau der Nottingham Express Transit hat begonnen. Die 14 km lange Linie verbindet die Innenstadt von Nottingham mit dem nördlich gelegenen Hucknall. Es gibt auch einen Streckenast zu einem großen Parkplatz am Phoenix Park. Die Linie erhält 23 Haltestellen und fünf Park & Ride-Plätze. Die ersten 4 km fährt die Straßenbahn durch die Straße, für den übrigen Teil nach Hucknall wird eine Eisenbahnlinie genutzt. Diese Strecke wird eingleisig mit Ausweichen angelegt, da das andere Gleis weiterhin von den Eisenbahnzügen benutzt wird.
Das Geld für das Vorhaben stammt von privaten Investoren, während der Staat sich an der Betriebsführung über einen Zeitraum von 30 Jahren mit insgesamt 175 Millionen Pfund beteiligt. Entwurf, Bau, Betrieb und Unterhaltung liegen in den Händen des *Arrow*-Konsortiums, zu dem Bombardier, die Baufirma Carillion, der kommunale Busbetrieb (zu 20 % Eigentum des französischen Betreibers Transdev) und Transdev selbst gehören. Die Betriebsführung wird dem Nottingham Tram Konsortium übertragen, einer gemeinsamen Tochter von Transdev und Nottingham City Transport. Die fünfzehn Incentro-Wagen kommen aus den Bombardierwerken in Derby. Sie sind vom selben Typ wie die neuen Wagen im französischen Nantes.

Manchester

Der neue Streckenast nach Salford Quays und Eccles hat noch verhältnismäßig wenig Fahrgäste. Man erwartet eine günstigere Entwicklung, sobald der neue Busbahnhof in Eccles fertiggestellt ist.
Das Ausschreibungsverfahren für den sogenannten „big bang“ läuft. Dabei geht es um den Bau von gleichzeitig vier Verlängerungen zu einem Betrag von fast 600 Millionen Pfund. Die Regierung und private Investoren zahlen je die Hälfte. Es handelt sich um Strecken nach Oldham und Rochdale (23,8 km und 19 Haltestellen), Ashton-

under-Lyne (9,6 km und 11 Haltestellen), Wythenshawe und dem Flughafen (20,8 km und 26 Haltestellen) und nach East Didsbury, einem Seitenast der Strecke zum Flughafen (5 km und 5 Haltestellen). Auch ein zweiter Betriebshof muß gebaut werden.
Vier Konsortien haben Interesse für dieses Projekt gezeigt, das die übliche Form eines DBOM-Vertrages (Entwurf, Bau, Betrieb und Unterhaltung) hat. Fest steht in jedem Fall, daß der heutige Betreiber Serco Metrolink im Jahre 2002 durch ein neues Unternehmen ersetzt wird. Wenn die Arbeiten im Jahre 2003 beginnen, kann die erste Strecke 2006 fertig sein. Sollte die Regierung noch mehr Geld zugeben, oder wenn private Investoren ein interessantes Angebot machen, sind auch noch Erweiterungen nach Stockport (5 km), Trafford Park (ebenfalls 5 km) und dem Lowry Centrum (ein kurzer Seitenast mit einer Haltestelle hinter Eccles).
Dringender als all diese Pläne ist jedoch die Beseitigung der Kapazitätsmängel auf dem bestehenden Netz. Durch die Regierung wurden 7 Millionen Pfund bereitgestellt, um im Jahre 2003 fünfzehn Wagen mit Mittelteilen zu verlängern.

Manchester. In Eccles hat sich die Metrolink durch den Bau der Strecke im Straßenplanum noch mehr zu einem echten Straßenbahnbetrieb entwickelt. Eccles Road, 30. September 2000 (MT)

Blackpool

Die im Jahre 2000 begonnene Revision der acht *Centenary*-Wagen (Reihe 641-649) aus den achtziger Jahren wird weitergeführt. *Stan-*

Blackpool. Nach einigen teilweisen Modernisierungen gleicht fast kein Straßenbahnwagen mehr dem anderen. Pleasure Beach, 29. September 2000 (MT)

dard-Doppeldecker 147, ein Vertreter der letzten Generation klassischer Doppeldecker vor dem Modernisierungsprogramm der dreißiger Jahre, kehrte aus den Vereinigten Staaten zurück und wird vollständig restauriert.
Die Regionalbehörde hat einen Plan für die Modernisierung und die Erweiterung des Straßenbahnbetriebs präsentiert. Die bestehende Linie zwischen Starr Gate und Fleetwood soll danach mit verschiedenen Linien erweitert werden. Zunächst mit einem Seitenast zur North Station, einer Verbindung, die 1963 eingestellt wurde. Für den Basisverkehr im Sommer und im Winter will man Niederflurwagen beschaffen. Gebrauchtfahrzeuge von anderen Straßenbahnbetrieben in Europa seien ausreichend, um während der verkehrsreichen Sommersaison die heutigen, in die Jahre gekommenen Wagen abzulösen. Ob die Urheber dieser Pläne sich darüber im klaren sind, daß bei all den anderen europäischen Straßenbahnbetrieben rechts gefahren wird, ist nicht klar.

Neue Projekte

Im Mai 2001 stellte die Regierung Geld für folgende drei Projekte zur Verfügung: Leeds, South Hampshire (Portsmouth) und Bristol.
Der Plan für die Leeds Supertram besteht aus drei Linien mit einer Gesamtlänge von 28 km. Der Entwurf ist vergleichbar mit der Straßenbahn in Croydon. Es gibt einige eingleisige Schleifen durch das Stadtzentrum mit drei fächerartig angeordneten Linien nach Süden (Tingley über Middleton, mit einem kurzen Streckenast nach

Stourton), nach Nordwesten (Headingley und Bodington) und nach Osten (Whinmoor). Es wird ein klassischer Straßenbahnbetrieb, dessen Strecken im Straßenplanum und auf eigener Trasse verlaufen. Dafür werden etwa 40 Wagen benötigt. Wenn alles nach Plan verläuft, wird die erste Strecke im Jahre 2006 in Betrieb gehen.
In South Hampshire handelt es sich um eine 14 km lange Linie von Fareham über Gosport nach Portsmouth an der Südküste. Der größte Teil der Strecke führt über die Trasse einer nicht mehr benutzten Eisenbahnlinie. Es wird ein Tunnel mit einem Kilometer Länge unter dem Hafen von Portsmouth gebaut, sowie eine Strecke im Straßenplanum der Stadt. Man will den Betrieb im Jahre 2006 eröffnen. Bemerkenswert ist das Vorhaben, für die vielen Radfahrer, die jetzt die Fähre benutzen, einen Shuttleverkehr unter dem Hafen hindurch einzurichten.
Schließlich erhält auch Bristol für eine „Supertram" Geld. Es gibt Pläne für eine 17 km lange Straßenbahnlinie vom Stadtzentrum nach Bradley Stoke im Norden, aber die Stadt verfügt noch nicht über die Genehmigung, die Linie bauen zu lassen. Die notwendige Light Rail Order kommt erst, wenn die Pläne ausgearbeitet und von der Regierung genehmigt worden sind. Diese gesamte Prozedur dauert bestimmt noch zwei Jahre und erst danach können Ausschreibungen für den Bau und Betrieb vorgenommen werden. Der Plan zur Einführung des „Parry people mover" wird wohl nicht weiter verfolgt.

Pläne

In London gibt es weitere Studien zur Wiedereinführung der Straßenbahn als Ergänzung zur U-Bahn im Westen (Uxbridge, Ealing und Shepherd's Bush) und im Südosten (Greenwich) der Stadt. Am spektakulärsten ist das Vorhaben, zwei Straßenbahnlinien quer durch die Innenstadt zu führen. Die zwei Linien beginnen in Camden und beim Bahnhof King's Cross im Norden, werden zusammengeführt und führen über Holborn und Kingsway zur Waterloo Station im Süden, wo sie sich wieder verzweigen. Die eine Linie wird nach Elephant and Castle und Peckham weitergeführt, die andere nach Oval, Stockwell und möglicherweise nach Brixton. Diese Linien sollen die Northern Linie, die am stärksten benutzten U-Bahnlinie, entlasten und könnten jährlich 72 Millionen Fahrgäste befördern. Ironie der Geschichte: Bei Kingsway ist noch ein Teil des bis 1951 benutzten Straßenbahntunnels komplett mit Schienen erhalten geblieben.
Auch Liverpool, Newcastle und Hull planen neue Straßenbahnlinien. In Cardiff und Edinburgh wird darüber diskutiert.

Isle of Man

In der Winterperiode hat man die Erneuerung der Manx Electric Railway-Gleise fortgesetzt. Der im Jahre 2000 erweiterte Winterfahrplan war ein Erfolg und wird weiter beibehalten.

Dublin. Der erste Citadis-Wagen für die irische Hauptstadt wurde im Frühjahr 2000 auf dem UITP-Kongreß in London ausgestellt (Alstom).

Dublin

Die Eröffnung der Straßenbahn ist für das Jahre 2003 geplant. Es entstehen die zwei echte Stadtlinien A und C. Die Linie A (Tallaght – Abbey Street) verbindet das Neubauviertel im Südwesten über Heuston Station mit dem Stadtzentrum. Die Linie ist 14 km lang und erhält 23 Haltestellen. Die Linie C (Abbey Street – Connolly Station) ist eine kurze Linie zwischen dem Zentrum, dem Busbahnhof für den Fernverkehr und Connolly, einem weiteren Bahnhof der Eisenbahn.

Die Linie B (St Stephens Green – Sandyford) erhält einen vollständig anderen Charakter: Diese 9 km lange Linie mit dreizehn Haltestellen befährt zum größten Teil die Strecke einer ehemaligen Eisenbahnlinie nach Südosten. Nur in der Stadt gibt es einen kurzen eingleisigen Abschnitt in Straßenlage. Da diese Linie keine Gleisverbindung zu den beiden anderen Linien erhält, müssen zwei Betriebshöfe gebaut werden.

Alstom beschäftigt sich mit dem Bau von 26 Wagen des Typs Citadis 301 mit einer Länge von 30 m für die Linien A und C. Der erste Wagen wurde im Mai 2001 beim UITP-Kongreß in London ausgestellt. Im Oktober 2001 kam der erste Wagen in Dublin an. Für die Linie B wird Alstom vierzehn Wagen des vierzig Meter langen Typs Citadis 401 liefern.

Skandinavien

Oslo

Nach einem flotten Start gibt es mit den Niederflurwagen viele Probleme. Im Herbst des Jahres 2000 störten die durch Laubfall glatten Schienen das Bremssystem. Die Räder blockierten häufig und die Wagen mußten mit Flachstellen abgestellt werden. Das geschah so oft, daß die Werkstatt mit dem Abdrehen der Radsätze in Rückstand geriet. Im darauffolgenden Winter brach das elektronische System der Straßenbahnwagen zusammen, sobald die Temperatur unter minus 10º absank, was in Norwegen keine Besonderheit ist. Die Oslo Sporveier ließ die Wagen im Depot, wenn es noch kälter wurde. Es zeigten sich noch andere Unvollkommenheiten. So verursachen die Wagen mehr Lärm als im Pflichtenheft festgelegt war. Dies führte dazu, daß der Verkehrsbetrieb die Abnahme der neuen Wagen verzögerte, was natürlich Auseinandersetzungen mit dem Lieferanten AnsaldoBreda zur Folge hatte. Weil die Verfügbarkeit der neuen Wagen durchschnittlich kleiner als 50 % war, mußten mehr göteborger Wagen im Einsatz bleiben. Sie fahren jetzt mindestens bis 2001.

Nach einem tödlichen Unfall im Januar 2001 vergrößerte sich der Wagenmangel noch mehr. Ein Fahrgast wurde bei einer Doppeltraktion zwischen den Türen eingeklemmt und anschließend mitgeschleift. Die Ursache war eine defekter Quetschschutz an den Türen. Eine große Anzahl von göteborger Wagen mußten daraufhin mit demselben Defekt abgestellt werden. Auch durfte man nicht mehr in Doppeltraktion fahren, so daß die Wagen regelmäßig überfüllt waren. Berücksichtigt man dazu noch, daß an verschiedenen Stellen Strecken wegen Gleiserneuerung stillgelegt waren, dann zeigt sich ein ernsthaftes Imageproblem der OS. Andererseits wurde der Wagenmangel wegen der stillgelegten Strecken weniger wahrgenommen.

Die Anzahl der Abschnitte, auf denen Niederflurwagen wegen schlechter Gleise und eingeschränktem Profil nicht verkehren durften, wurde erheblich verringert. Im Herbst 2000 sind an vielen Stellen die Gleise erneuert oder angepaßt worden. Dadurch war von Mitte September bis Mitte November 2000 kein Straßenbahnverkehr zwischen Disen und Kjelsås sowie zwischen Nybrua und Storo möglich. Als Höhepunkt der baustellenbedingten Streckenstilllegungen gab es am letzten Oktoberwochenende für sechs Straßenbahnlinien Ersatzverkehr mit Bussen.

Die U-Bahnlinie nach Kolsås wird zu einer echten U-Bahn mit seitlicher Stromschiene ausgebaut. Das bedeutet, daß die Straßenbahnen die Werkstatt in Avløs nicht mehr mit eigenem Antrieb errei-

Oslo. Wegen der Schwierigkeiten mit den Niederflurwagen bleiben die Vierachser in Göteborg mindestens bis 2001 im Dienst. Einige Wagen haben sogar noch einen neuen Stromabnehmer erhalten. Grefsenveien, 30. August 2001 (David van der Spek)

chen können. Auch die Endhaltestelle Jar der Linie 10 muß angepaßt werden.

Die vorläufige Kehrschleife an der letzten Haltestelle vor dem Endpunkt Rikshospitalet wurde Ende Januar 2000 durch eine Wendedreieck ersetzt, weil der von der Schleife gebrauchte Platz anders genutzt werden soll. Die Wendemöglichkeit wird immer noch benötigt, denn wegen der genannten Probleme gibt es noch immer nicht genügend Zweirichtungswagen für die Linien 10, 17 und 18.

Nicht alle umgebauten Høka-Wagen, von denen die letzten beiden im Juni 2000 abgestellt wurden, sind verschrottet worden. Neben den schon früher sichergestellten Museumswagen wurde Tw 201 nach Göteborg und Tw 203 zum Straßenbahnmuseum in Skjoldenæsholm in Dänemark überführt.

Trondheim

Der Stadtrat hat im März 2000 dem Bau einer Schleife durch das Zentrum für die Straßenbahn zugestimmt. Die Regionalverwaltung weigert sich jedoch, Straßenbenutzungsgebühren für diese Zweck einzusetzen, so daß die Finanzierung noch unklar ist. Der Verkehrsbetrieb rechnet damit, daß diese Verlängerung einen Verkehrszuwachs von 5 % erbringt.

Am 2. September 2001 feierte die Gråkallbane 100 Jahre elektrische Straßenbahn mit einer Parade historischer Straßenbahnwagen.

Göteborg. Beim italienischen AnsaldoBreda wurden 40 Niederflurwagen vom Typ Sirio bestellt. Die Zeichnung gibt einen Eindruck, wie sie einmal aussehen werden (AnsaldoBreda).

Norrköping. Es gibt Pläne, in der Norra Kungsgatan wieder Straßenbahnen verkehren zu lassen. Am 23. August 1956 fuhr hier die Linie 1, wie damals in Schweden üblich, im Linksverkehr. (Frits van Dam).

Göteborg
Der Straßenbahnbetrieb hat im Juni 2001 bei der italienischen Firma AnsoldoBreda 40 Niederflurwagen vom Typ Sirio bestellt. Die Wagen sollen 29 m lang und 2,65 m breit sein und über 83 Sitz- und 96 Stehplätze verfügen. Die fünfteiligen Wagen haben einen vollständigen Niederflurbereich. Im Jahre 2003 werden zwei Wagen geliefert, die ausgiebig erprobt werden sollen. Danach beginnt 2004 die Serienlieferung. Im Jahre 2005 soll der letzte Wagen abgeliefert sein. Es wurde überdies eine Option über weitere 80 Sirios vereinbart. Etwa 35 Gelenkwagen sind inzwischen umgebaut und um ein Niederflurmittelteil erweitert worden. Sie bewältigen das gesamte Verkehrsaufkommen auf der Linie 3 und sind, mit Ausnahme der Linie 6, auf allen Linien zu finden.
Im November 2001 soll mit dem Tunnel zwischen Chalmers und Södravägen sowie die Überführung bei Annedal der erste Abschnitt der Ringlinie (Kringen) fertig werden. Dann wird das Liniennetz angepaßt. Einige Linien erhalten neue Endhaltestelle und die zwei neuen Linien 10 (Ångered – Guldheden) und 11 (Saltholmen – Bergsjön) kommen hinzu. Die Linien 6 und 8 erhalten teilweise eine andere Fahrtroute, die durch den Straßenbahntunnel bei Chalmers führt. 2003 erfolgt die Inbetriebnahme der Gleise in Skånegata (Phase 2). Als dritte und letzte Phase des Kringen erfolgt der Bau eines Verkehrstunnel parallel zur Göta Älv im Jahre 2003. Nach Realisierung dieser Pläne denkt man in ferner Zukunft an eine neue Linie nach Norra Älvstranden in Hisingen.

Norrköping
Es ist nicht ausgeschlossen, daß auch der dritte Niederflurwagen aus München (2703) instand gesetzt wird. Der Wagen ist im Frühling 2001 von Bremen nach Norrköping überführt worden. Ein Problem ist die elektrische Anlage von AEG, die Störungen aufweist und von den drei anderen Niederflurwagen dieses Typs (21-23 mit Anlagen von Kiepe und Siemens) abweicht. In technischer Hinsicht ist der Wagen sogar in einem besseren Zustand, u.a. weil die anderen drei Wagen dreimal so viel Kilometer zurückgelegt haben wie der 2703. Wenn man eine finanziell akzeptable Lösung findet, wird der Wagen als Nummer 24 in den Wagenpark aufgenommen. Sieben Düwag-Wagen haben inzwischen einen Niederflurmittelteil erhalten.
Im Mai 2001 wurde ein neuer Plan für die Straßenbahnverlängerung nach Navestad veröffentlicht. Diese neue Strecke sollte in Albrektsvägen, der letzten Haltestelle vor der Endschleife in der Linie 2, abzweigen, 4,5 km lang sein und insgesamt elf Haltestellen haben. Gleichzeitig wurde der Vorschlag gemacht, die Gleise im Kungsgatan, die bis 1958 von der Ringlinie 1 benutzt wurden, wieder in Betrieb zu nehmen.

Norrköping. Die Gleise auf dem Bahnhofsvorplatz wurden in die Richtung des Bahnhofs verlegt, so daß die Reisenden ohne Behinderung durch den Autoverkehr umsteigen können. 28. August 2001 (David van der Spek).

Stockholm. Die Schnellstraßenbahnlinie 22, die Tvärbana, ist ein Erfolg. Die erste Verlängerung ist schon in Angriff genommen worden und eine weitere wird vorbereitet. Haltestelle Stora Essingen und im Hintergrund die Straßenbahnbrücke über den Fjord. 23. August 2001 (David van der Spek).

Stockholm

Täglich benutzen etwa 20 000 Fahrgäste die neue Linie 22, die Tvärbana. Die Zugfolge wurde mit der offiziellen Inbetriebnahme am 25. August 2000 zu einem 10-Minutentakt verdichtet. Wenn möglich, werden in den morgendlichen Hauptverkehrszeiten die sechs Umläufe in Doppeltraktion gefahren, aber mit den zwölf zur Verfügung stehenden Wagen kann das nicht immer realisiert werden. Deshalb wurden im Frühling 2001 weitere zehn Wagen bei Bombardier bestellt. Außerhalb der morgendlichen HVZ stehen genügend neue Wagen für die Linie 12 zur Verfügung. Es hat sich gezeigt, daß die Wagen im vergangenen Winter bei minus 20º problemlos fuhren. In dieser Hinsicht sind diese Wagen also den Niederflurwagen in Oslo deutlich überlegen. Die Signalanlagen werden immer noch nicht benutzt, was zur Folge hat, daß die Stadtbahnwagen noch nicht mit der Höchstgeschwindigkeit von 80 km/h (selbstverständlich nur auf eigener Trasse) fahren können.

Der Erfolg ist eine günstige Voraussetzung für Netzerweiterungen, insbesondere einer Verlängerung über Alvik hinaus. Die erste Erweiterung ist bereits eine beschlossene Sache, denn im September 2001 begannen die Arbeiten für die Verlängerung von Gullmarsplan nach Hammarby Sjöstad. Anfang August 2000 wurde der zeitweise eingleisige Abschnitt in der Nähe von Årstafältet durch den endgültigen zweigleisigen Streckenteil ersetzt. Der eingleisige Abschnitt war für den Bau einer Überführung über eine Stadtautobahn notwendig gewesen, die noch gebaut werden mußte.

Im September 2000 war die Lidingöbana (Linie 21) zwischen Aga und Gåshaga außer Betrieb, um den Bau einer Kreuzungshaltestelle bei Skärsätra zu ermöglichen. Diese ersetzt die bestehenden

Stockholm. Auf der Insel Lidingö wurde die Linie 21 nach Gåshaga Brygga verlängert, wo ein neues Wohnviertel entsteht. 23. August 2001 (David van der Spek).

Haltestellen Centralvägen und Parkvägen. In diesem Zeitraum wurde auch eine Verlängerung um 300 m nach Gåshaga Brygga gebaut. Diese Strecke ging am 19. Juni 2001 in Betrieb, nachdem die dort gebauten Wohnungen bezogen worden waren.

Helsinki

Als Folge von Kinderkrankheiten bei den neuen Niederflurwagen Typ Variobahn konnten die Wagen noch nicht im erwarteten Umfang in Betrieb genommen werden. Auf der Linien 1/1A und 2 verkehren also immer noch Vierachser. Am 4. September 2000 beging der Straßenbahnbetrieb das einhundertstes Jubiläum der elektrischen Straßenbahn mit einer bescheidenen Parade.

Kopenhagen

Obwohl die Straßenbahn nicht in die dänische Hauptstadt zurückgekehrt ist, stand vor kurzem doch ein Gelenkwagen im Stadtzentrum. Eine der beiden vom Straßenbahnmuseum Skjoldenæsholm aus Alexandria zurückgeholten Düwag-Gelenkwagen (815 und 890) wurde dort ausgestellt. Noch in den ägyptischen Farben, trug er schon stolz den Flügel der Kopenhagener Straßenbahn auf der Stirnseite. Es wird zweifelsohne einige Zeit dauern, ehe die beiden Wagen restauriert sind, denn 30 Jahre Einsatz in Ägypten sind bestimmt nicht spurlos an ihnen vorübergegangen. Als Ersatzteilspender sind aus Norrköping zwei Wagen (73 und 74, ex 1056 und 1058) übernommen worden, die dort nie eingesetzt waren und ursprünglich aus Duisburg stammen.

Kopenhagen. Aus der ägyptischen Stadt Alexandria wurden zwei Düwag-Gelenkwagen zurückgekauft. Einer wurde auf dem Rådhuspladsen im Zentrum der Stadt ausgestellt. 27. Juni 2001 (Torben Liebst).

Polen

Die Grenzen des heutigen Staates Polen existieren seit dem Ende des Zweiten Weltkrieges. Zu Beginn des 20. Jahrhunderts, als die ersten elektrischen Straßenbahnbetriebe entstanden, war der zentrale Teil des Gebietes, das wir heute als Polen kennen, noch Teil des russischen Reiches. Der Süden, das Gebiet zwischen Kraków und Lemberg (heute Lwiw) gehörte zu Österreich/Ungarn, die westlichen Teile zum deutschen Kaiserreich. Nach dem Ersten Weltkrieg entstand wieder ein unabhängiges Polen. Der neue Staat entstand aus dem früheren russischen Gebiet, dem Streifen Kraków/Lemberg und Teilen Westpreußens und Pommerns. Nach dem Zweiten Weltkrieg wurde Polen eine erhebliches Stück in westlicher Richtung verschoben, wobei das gesamte Pommern und Schlesien sowie die südliche Hälfte Preußens polnisch wurden. Der Osten des Landes, der 1939 von der Sowjetunion besetzt wurde, ging nicht mehr zurück. Heute ist dieses Gebiet Teil von Weißrussland und der Ukraine.

Im Hoheitsgebiet des heutigen Staates Polen haben 22 Straßenbahnbetriebe bestanden, die schrittweise unter polnische Verwaltung gestellt wurden. Im russischen Teil Polens wurden elektrische Straßenbahnbetriebe 1889 in Lódz in Meterspur und 1908 in Warszawa (Warschau) mit der russischen Spurweite von 1524 mm eröffnet. Im Jahre 1918 gingen aus dem früheren österreichischen Gebiet die Straßenbahnbetriebe von Bielsko-Biala (Bielitz-Biala),

Warschau. Der Straßenbahnbetrieb wurde in der Zeit gebaut, als die Stadt unter russischer Verwaltung stand. Das erklärt die Wahl einer Spurweite von 1524 mm und die zweisprachige Zielangabe (Ansichtskarte).

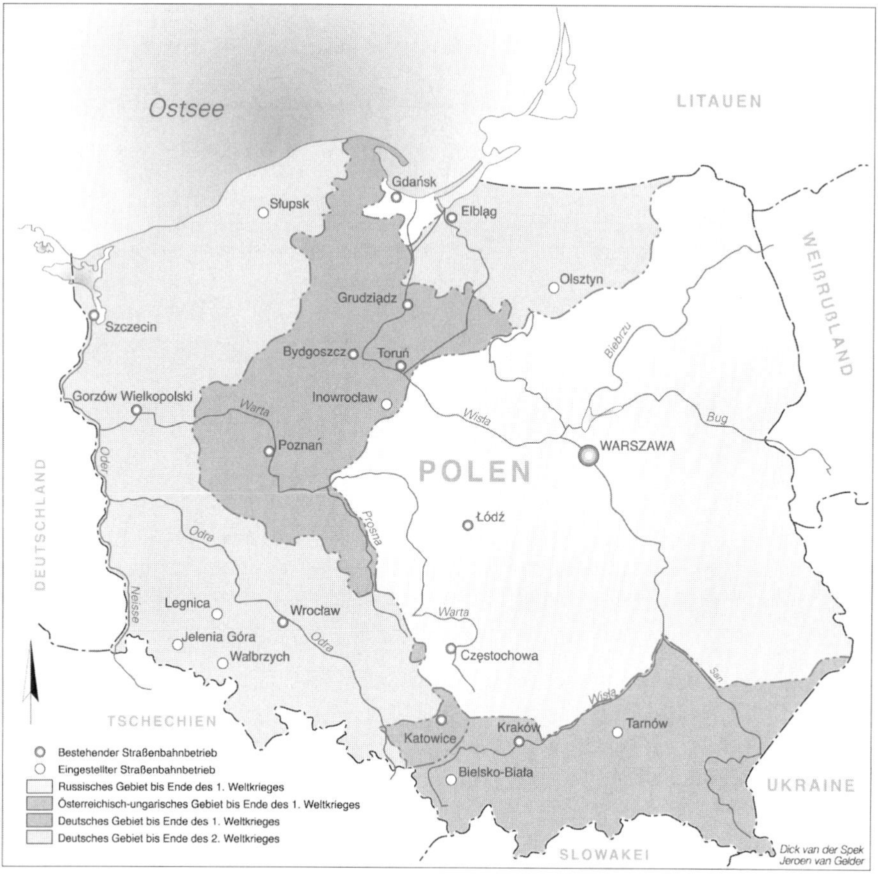

Kraków (Krakau) und Tarnów in polnische Verwaltung über. 1920 ging das Gebiet Westpreußens mit den Städten Bydgoszcz (Bromberg), Grudziadz (Graudenz), Inowroclaw (Hohensalza), Poznan (Posen), Torun (Thorn) an Polen. Im Jahre 1922 folgte nach einem Aufstand der polnischen Bevölkerung und einem Referendum noch ein Teil des schlesischen Industriegebietes mit dem östlichen Teil des Netzes der Schlesischen Kleinbahn um Katowice (Kattowitz).

1945 folgten durch das Verschieben der Grenze in westlicher Richtung und die Verteilung Ostpreußens zwischen der Sowjetunion und Polen die Straßenbahnbetriebe von Elblag (Elbing), Gdansk (Danzig), Gorzów Wielkopolski (Landsberg an der Warthe), Jelenia Góra (Hirschberg). Legnica (Liegnitz), Olsztyn (Allenstein), Slupsk (Stolp), Szczecin (Stettin), Walbrzych (Waldenburg) und Wroclaw (Breslau) und der restliche Teil des Netzes der Schlesischen Kleinbahn in Bytom (Beuthen), Zabrze (Hindenburg) und Gliwice (Gleiwitz). Der Betrieb von Landsberg an der Warthe wurde 1943 eingestellt, wurde aber 1945 unter polnischer Verwaltung wieder eröffnet. Der Straßenbahnbetrieb von Kostrzyn (Küstrin) wurde wegen der Zerstörungen im Kriege nicht mehr in Betrieb genommen. Schließlich wurde 1959 die Straßenbahn von Czestochowa neu aufgebaut. Nach dem Krieg sind acht Straßenbahnbetriebe eingestellt worden: Tarnów (1948), Slupsk (1959), Inowroclaw (1963), Olsztyn (1965), Walbrzych (1966), Jelenia Góra und Legnica (beide 1969) und schließlich Bielsko-Biala (1972). Es handelte sich hierbei ausnahmslos um kleine Betriebe (Legnica hatte z.B. nur sechzehn Triebwagen), in die bereits zur deutschen Zeit kaum noch investiert worden war. Genau genommen befand sich auch die Straßenbahn von Köslin (heute Koszalin) auf dem Hoheitsgebiet des heutigen Polens, aber dieser Betrieb war bereits 1938 in der deutschen Zeit eingestellt worden.

Der Zweite Weltkrieg hatte in Polen tiefe Spuren hinterlassen. Die Hauptstadt Warszawa war zu einem großen Teil total verwüstet worden. Auch die Städte Szczecin, Gdansk, Elblag und Wroclaw hatten im Krieg schwere Zerstörungen erlitten. Die Mehrzahl der Straßenbahnfahrzeuge war zerstört worden und das wenige, daß noch übrig war, mußte dringend ersetzt werden. Trotzdem sind alle

Polnische Straßenbahnbetriebe

Stadt (heutiger Name)	Stadt (früherer Name)	Eröffnungsdatum	Datum d. Einstellung	Spurweite
Bielsko-Biała	Bielitz-Biala	11.12.1895	7.1972	1000
Bydgoszcz	Bromberg	3. 7.1896		1000
Częstochowa		8. 3.1959		1435
Elbląg	Elbing	22.11.1895		1000
Gdańsk	Danzig	12. 8.1896		1435
Gorzów Wlpk	Landsberg/Warthe	28. 7.1899		1435
Grudziądz	Graudenz	12. 5.1899		1000
Inowrocław	Hohensalza	1912	1963	1000
Jelenia Góra	Hirschberg	4. 2.1900	4.1969	1000
Katowice	Kattowitz	4. 3.1894		1435
Kraków	Krakau	16. 3.1901		1435
Legnica	Liegnitz	21. 1.1898	3.1969	1000
Łódź		24.12.1898		1000
Olsztyn	Allenstein	15.12.1907	31.12.1965	1000
Poznań	Posen	5. 3.1898		1435
Słupsk	Stolp	3.9.1910	1959	1000
Szczecin	Stettin	3. 7.1897		1435
Tarnów		1911	1948	1000
Toruń	Thorn	27. 2.1899		1000
Wałbrzych	Waldenburg	12. 9.1898	10.1966	1000
Warszawa		11.11.1908		1524/1435
Wrocław	Breslau	14. 7.1893		1435

Warschau. Die ersten neuen Wagen nach dem Krieg waren Zweiachser, die noch vor dem Zweiten Weltkrieg bestellt, aber 1939 als Kriegsbeute nach Berlin überführt wurden. Die Wagen, die die Bombenangriffe überlebt hatten, kamen schließlich 1945 in die polnische Hauptstadt. 17. September 1975 (Hans Oerlemans).

Szczecin. Auf der Basis des KSW aus Deutschland wurden die polnischen Fahrzeuge der Typen N und N1 entwickelt. 22. April 1991 (BS).

Straßenbahnbetriebe, mit Ausnahme des Betriebes von Küstrin, wieder aufgebaut worden. In Warschau ist der Straßenbahnbetrieb mit dem Wiederaufbau von 1524 mm auf 1435 mm umgespurt worden. Die Erneuerung des Wagenparks ist zentral und planmäßig durchgeführt worden. Die Waggonfabrik Konstal in Chorzów in der Nähe von Katowice wurde zur Produktionsstätte für Straßenbahnen bestimmt, wobei die Waggonfabriken in Sanok (1949-52) und Swidnica (1958-61) sowie die Werft in Gdansk (1950-51) Hilfe leisteten.
Von den deutschen Kriegsstraßenbahnwagen (KSW) waren im Krieg einige nach Danzig und Kattowitz geliefert worden. Diese Konstruktion war die Grundlage für einen kostengünstig zu produzierenden polnische Einheitstyp, mit dem der Straßenbahnverkehr wieder in Schwung gebracht werden sollte. Von den regelspurigen Typen Typ N und 4N sowie den meterspurigen 2N und 5N sind zwischen 1948 und 1962 insgesamt 1460 Triebwagen und 1618 Beiwagen für alle Straßenbahnbetriebe gebaut worden. Zunächst war der Typ N fast baugleich mit den KSW-Wagen. Ab 1956 wurde der Typ 4N produziert. Die Einstiege dieses Nachfolgers waren anders angeordnet, statt der großen einteiligen hatte er jetzt zweiteilige Schiebetüren, eine Schürze im Bereich der Plattformen und es gab mehr Sitzplätze.
Zunächst wurden sie an Katowice, Warszawa und Kraków geliefert, später auch an die anderen Städte mit Ausnahme von Tarnów. Diese einfachen zweiachsigen Wagen konnten viele Fahrgäste aufnehmen und waren damit gut geeignet, der Straßenbahn ihre Rolle als Massenbeförderungsmittel wieder zu geben. In den großen Städten wurden Straßenbahnzüge mit zwei Beiwagen eingesetzt. Nachdem die Betriebe neue Einrichtungswagen erhielten und immer mehr Endschleifen bauten, wurden immer mehr N-Wagen zu Einrichtungswagen umgebaut.
Allmählich entstand auch in Polen der Bedarf an moderneren, größeren Wagen. Im Jahre 1955 lieferte die tschechische Waggonfabrik CKD-Tatra zwei vierachsige Wagen vom Typ T1, die in Warschau unter den Nummern 051 und 502 eingesetzt wurden. Die Waggonfabrik Konstal hat die Produktion des daraus entwickelten Typs 13N übernommen. Die polnische Konstruktion wich vor allem durch das handbetätigte Nockenschaltwerk ab von dem tschechischen Vorbild mit seiner Pedalsteuerung und dem dazu gehörigen PCC-Beschleuniger. 1959 wurden die ersten zwei Wagen (503 und 504) nach Warschau geliefert. Bis 1969 sind insgesamt 838 Einheiten (1-525 und 528-840) für den Straßenbahnbetrieb von Warschau gebaut worden, einschließlich zwei Wagen als Ersatz für die Tatrawagen und drei Wagen als Triebwagen ohne Führerstand. Diese Wagen verkehren bis heute in der polnischen Hauptstadt. 1962/1963 wurden fünf Wagen diesen Typs an Katowice geliefert, im Jahre 1967 folgte auch hier ein Zug aus einem Triebwagen und einem Triebwagen ohne Führerstand. Diese verkehrten bis zum Jahre 1985. Damit wurden von diesem Typ 846 Fahrzeuge geliefert.

Warschau. Nach dem Import der beiden Prototypen des Tatra T1 entwickelte die polnische Industrie einen eigenen Vierachser, den 13N von Konstal. 17. September 1975 (Hans Oerlemans).

1963 wurde ein erster Gelenkwagen Typ 15N auf Basis des 13N gebaut. Erst 1967 und 1968 lieferte Konstal je einen weiteren Prototyp an den Straßenbahnbetrieb von Katowice. 1969 lief die Serienlieferung der Gelenkwagen unter der Typenbezeichnung 102N für die normalspurige Variante und 802N für Meterspur an. Zunächst erhielten diese Wagen nach einem Entwurf des Institutes für Industrielle Formgestaltung ein ziemlich futuristisches Äußeres der Kabinen, das einem Kranführerkabine ähnelten. Insgesamt sind 47 Wagen dieses Typs gebaut worden. Die auffallende Form erwies sich für den praktischen Einsatz als ungeeignet, da undichte Stellen immer wieder zum Eindringen von Wasser und kalter Luft führten. Deshalb griff man bald auf die bewährte Konstruktion der Typen 13N und 15N zurück. Diese Wagen erhielten die Typenbezeichnung 102Na bzw. 802Na. Diese Gelenkwagen sind an alle Straßenbahnbetriebe geliefert worden mit Ausnahme von Grudziadz, Elblag und Warschau. Die beiden erstgenannten Städte konnten keine Einrichtungswagen gebrauchen, da damals noch Endschleifen fehlten. Warschau setzte seine Vierachser in Doppel- oder Dreifachtraktion ein und brauchte daher keine Gelenkwagen. Insgesamt sind zwischen 1967 und 1974 695 Wagen dieses Typs gebaut worden. 1983-85 wurden in Kraków in der Hauptwerkstatt bei der Reparatur nach Unfällen fünf Triebwagen 102Na in führerstandslose 102NaD umgebaut.

Der Nachfolger des Gelenkwagens wurde wieder ein Vierachser. Im Jahre 1973 lieferte Konstal einen Prototyp, der ganz im Trend jener Tage ein eckiges Äußeres mit hohen Fenstern und mit vier Türen

Poznan. Ab 1967 lieferte Konstal die ersten neugebauten Gelenkwagen 102N. Sie hatten ein merkwürdig eckiges Design, das einer Kranführerkabine ähnelte. Winogrady, 13. Juni 1994 (BS).

Szczecin. Schon bald griff man bei der Gestaltung der Gelenkwagen auf die bewährte Form der 13N-Vierachser zurück. Plac Zolnierza Polskiego, 12. Mai 1995 (MT).

hatte. Die Typenbezeichnung war 105N und für die Meterspurausführung 805N. Die Fahrerkabine hatte zunächst noch zusätzliche kleine Fenstern im Fußbereich für eine bessere Sicht beim Rangieren. Ab 1979 entfielen diese Fenster, da vor allem Fahrerinnen von den unerwünschten Einblicken, die diese Fenster ermöglichten, nicht sehr begeistert waren. Zusammen mit einigen anderen technischen Veränderungen wurden die Wagen von da an als 105Na bzw. 805Na bezeichnet. Zwischen 1973 und 1997 sind insgesamt nicht weniger als 3302 Wagen dieses Typs gebaut worden. Die Produktion wird überdies noch fortgesetzt, wenn auch in einem verringerten Tempo. Für den Straßenbahnbetrieb von Katowice wurden im Jahre 1993 sechs Wagen in Zweirichtungsausführung gebaut, um auf unterbrochenen Straßenbahnlinien pendeln zu können.

Ab 1997 wird eine moderne Version gebaut, welche durch die drei Schwenkschiebetüren gut von den bisherigen Typen mit vier Drehtüren zu unterscheiden ist. Dieser Typ 105N2k wurden an den Straßenbahnbetrieb von Warschau geliefert. Szczecin erhielt im Jahr 2000 zwölf neue dreitürige Wagenkästen und baute diese 105N2k in der eigenen Hauptwerkstatt auf. Die neueste Entwicklung ist der 105N2k/2000 bei dem Front und Heck von den Niederflurwagen für Katowice abgeleitet worden sind. Die Ablieferung von 60 Wagen für Warschau ist 2001 angelaufen. Szczecin hat seine vierzehn bestellten Wagen 2001 erhalten.

Wroclaw. Im Jahre 1973 wurde der erste Vierachser des Typ 105N ausgeliefert, eine Bauart, die mit einigen Änderungen bis heutige gefertigt wird. Ulica Piastowska, 12. Juni 2001 (BS)

Nachdem die Waggonfabriken des Westens Niederflurwagen auf Tournee nach Polen geschickt hatten, mußte auch Konstal die Entwicklung derartiger Wagen aufnehmen. Im Jahre 1995 erschien ein erster Prototyp, einer bis dahin noch nicht gezeigten Konstruktion. Dieser Typ 112N ist ein Gelenkwagen, der im zweiten Wagenteil unmittelbar nach dem Gelenk ein Niederflurbereich hat. Dieser Wagen fährt jetzt in Warschau als 3001. Anschließend wurden 1997 zwei Doppelgelenkwagen gebaut (Typ 114N), deren mittlerer Wagenkasten zwischen den Drehgestellen einen Niederflurbereich hat. Diese Wagen wurden an Gdansk geliefert, wo sie die Nummern 1501 und 1502 erhielten. 1998 wurden erneut drei Prototypen gebaut. Da Konstal inzwischen von Alstom übernommen worden war konnte man dabei auf den für Grenoble gelieferten Typ zurückgreifen. Diese Wagen wurden wieder an Warschau geliefert, wo einer vom Typ 116N als 2002 und zwei vom Typ 116Na als 2003 und 2004 fahren. Danach begann die Serienlieferung von 26 Wagen mit einer geänderten Front. Bei diesen Wagen werden Triebdrehgestelle mit einer normalen Konstruktionshöhe verwendet, wodurch zwischen den verschiedenen Teilen des Wagens große Höhenunterschiede entstehen. Für den Straßenbahnbetrieb von Katowice ist ein neuer Typ entworfen worden, bei dem die Triebdrehgestelle zum Teil in Radkästen im Wageninneren untergebracht sind. Die Fenster können dadurch auf einer Linie angeordnet werden, wie es auch in Westeuropa zu finden ist. Siebzehn dieser

Warschau. Der Siegeszug des Niederflurwagens in Westeuropa veranlaßte die polnische Industrie zu eigenen Entwicklungen. Erstes bemerkenswertes Ergebnis war dieser Wagen vom Typ 112N mit einem Niederflurteil direkt hinter dem Gelenk. Depot Praga, 1. April 1999 (Joachim Kaddatz).

Warschau. Der Prototyp 116Na hat die gleiche Einteilung wie die Wagen in Grenoble. Rondo Starzynskiego, 16. Juni 2001 (BS).

Warschau. Die Wagen der Serienlieferung des Typ 116Na erhielten eine andere Stirnfront. Ulica Towarowa, 16. Juni 2001 (BS).

Poznan. Die meisten amsterdamer Wagen fahren gegenwärtig mit Vollwerbung, zwei wurden jedoch, wie Tw 868, in den Farben des Verkehrsbetriebes lackiert. 22. März 1999 (Karel Hoorn).

Wagen werden gegenwärtig ausgeliefert. Die ersten verkehren schon auf den Linien 6 und 41 zwischen Katowice und Bytom.
Nach dem Verschwinden den Planwirtschaft kehrte die Konkurrenz auch in den Schienenfahrzeugbau zurück. CKD-Tatra lieferte fünf Niederflurwagen für den Straßenbahnbetrieb in Poznan. Weitere fünf wurden aus Originalteilen bei Cegielski in Poznan montiert. Sie sind jedoch wenig erfolgreich und fallen regelmäßig aus. Der Straßenbetrieb von Kraków bestellte eine Serie von vierzehn Niederflurwagen bei Bombardier in Bautzen und der Betrieb von Lódz eine Serie von fünfzehn Niederflurwagen des Typs Cityrunner, ebenfalls bei Bombardier.
Auch der lebhafte Handel mit gebrauchten Straßenbahnwagen aus dem Westen sorgt für Konkurrenz. Der Straßenbahnbetrieb von Lódz war einer der ersten Straßenbahnbetriebe, der Wagen aus dem Westen erhielt. Wagen aus Bielefeld werden dort auf der Vorortlinie nach Lutomiersk eingesetzt. Wagen aus Kassel werden in Gorzów Wlkp. weiter eingesetzt, amsterdamer Wagen fahren in Poznan, Düsseldorf und Frankfurt lieferten über Zwischenhändler oder direkt Wagen an Poznan und Szczecin. Partnerstadt Nürnberg gab seine Großraum- und Gelenkwagen nach Kraków ab. Auch die kleineren meterspurigen Straßenbahnbetriebe profitierten davon. Elblag erhielt den gesamten alten Wagenpark von Mainz. Mannheim und Würzburg lieferten Wagen nach Grudziadz.
Bis zu Beginn der neunziger Jahre waren die Wagen in den meisten Städten in den polnischen Nationalfarben rot/weiß lackiert. Ausnahmen waren Kraków und Wroclaw (blau/weiß) sowie Poznan (grün/weiß). Szczecin hat seine Fahrzeuge seit 1996 weiß und mit

Poznan. Die Farben des Verkehrsbetriebes tragen auch einige der gebraucht aus Düsseldorf und Frankfurt/Main übernommenen Wagen. Ulica Wolynska, 27. April 2001 (René van Lier)

roten und blauen Streifen lackiert und das Heck signalrot abgesetzt, Warschau verwendet die Stadtfarben rot/gelb. Meist wird jedoch eine eigene Farbgebung der Verkehrsbetriebe von der Vollwerbung überwuchert.

Kennzeichnend für die Straßenbahnbetriebe in Polen ist, daß die Gleise in den Großstädten, wo immer das möglich ist, auf eigener Trasse verlaufen und daß der Ausbau der Straßenbahnnetze mit dem Bau neuer Wohnviertel einhergegangen ist. Auch spielt die Straßenbahn eine wichtige Rolle bei der Erschließung von großen Industriebetrieben. Die Fabriken bilden noch immer Ausgangs- und Endpunkt vieler Straßenbahnlinien, aber durch die Schließung vieler Industriebetriebe und die enorme Reduzierung der Arbeitsplätze in den verbliebenen Betrieben, haben sich die Beförderungsleistungen erheblich verringert. In den meisten Städten sind die früher gebräuchlichen Dreiwagenzüge den Zweiwagenzügen oder sogar Solowagen gewichen.
Die Straßenbahnen haben dank ihrer eigenen Trassen noch immer eine gute Position im Wettbewerb mit der weiter steigenden Zahl von Autos. Ein geändertes Tarifsystem, das Umsteigemöglichkeiten einräumt, ist in den Großstädten die Anzahl der Straßenbahnlinien zurückgegangen, da viele direkte Linien eingestellt wurden. Dabei wurden in der Regel aber keine Straßenbahnstrecken abgebaut.

Warszawa (Warschau)
Der Straßenbahnbetrieb in der Hauptstadt besteht momentan aus 32 Linien. Seit 1995 gibt es auch eine U-Bahnlinie. Das großzügig

aufgebaute Stadtzentrum wird von drei parallel verlaufenden Hauptstraßen durchschnitten, wo die Straßenbahn auf eigenen Trassen, auch dank der größeren Entfernungen zwischen den Haltestellen, eine hohe Geschwindigkeit erreichen kann. Unter 90° schließen sich erneut drei parallele breite Straßen an. Auf den Kreuzungen gibt es fast ausnahmslos Kreisel, die von den Straßenbahnen durchfahren werden.
Auf dem Netz verkehren Doppeltraktionen aus Vierachsern der Typen 13N oder 105Na. Seit kurzem verkehrt zusätzlich eine Reihe von Niederflurwagen, welche in auffälligem Gelb mit roten Streifen lackiert sind. Auf jeder Linie wird ein solcher Wagen eingesetzt, der den Fahrplänen an den Haltestellen ausgewiesen ist. Dadurch trifft man im Zentrum ständig Niederflurwagen, aber wer in ihnen fahren möchte, muß manchmal unangenehm lange auf sie warten.

Lódz
Die zweite Stadt des Landes hat ein ausgedehntes meterspuriges Straßenbahnnetz. Seit 1994 gehören die Überlandlinien zwei eigenständigen Betrieben. Das städtische MPK setzt Vierachser vom Typ 805Na solo und in Doppeltraktion ein. Auf den Überlandlinien verkehren von zwei Straßenbahnstationen im Norden und im Süden der Stadt aus Gelenkwagen 802Na. Von Polnocna aus fährt eine Straßenbahn nach Ozorków (Linie 46) und Zgierz (Linien 45) im Norden und Lutomiersk (Linie 43) und Konstantynów (Linie 43bis) im Westen. Auf der letztgenannten Linie fahren ab und zu noch Düwag-Wagen aus Bielefeld. Die Überlandlinie nach Alexandrów im Nordwesten wurde bereits vor längerer Zeit eingestellt. Vom Platz Niepoldleglosci im Süden aus verkehrt die Überlandlinie 41 nach Pabianice. Die Linie 42 nach Rzgów ist inzwischen aufgegeben worden.

Czestochowa (Tschenstochau)
Dieser kleine Straßenbahnbetrieb ist erst 1959 aufgebaut worden und besteht im Augenblick aus einer einzigen Strecke, auf der zwei Straßenbahnlinien verkehren, die das Industriegelände im Süden über das Stadtzentrum mit einem Wohnviertel im Norden der Stadt verbinden. Es verkehren ausschließlich Vierachser.

Kraków (Krakau)
Das Straßenbahnnetz dieser alten Stadt, die den Krieg fast ohne Schäden überstanden hat, besteht aus einem Ring um das alte Stadtzentrum mit fächerartigen Linien zu den Außenvierteln. An der Südseite des alten Stadtzentrums führt eine Strecke durch den Altstadtring. An der Südseite des Flusses Weichsel gibt es einige große Neubauviertel mit Straßenbahnverbindungen. Östlich von Kraków ist nach dem 2. Weltkrieg die neue Industriestadt Nowa Huta gebaut worden, deren Bewohner in einem großen Stahlwerk arbeiteten. Hier ist ein eigenes Straßenbahnnetz entstanden, das

Kraków. Bombardier in Bautzen (Deutschland) lieferte vierzehn Niederflurwagen. Ulica Bastowa, 15. Juni 2001 (BS).

über zwei parallel verlaufende Strecken mit Kraków verbunden ist. Die vierachsigen Wagen vom Typ 105Na verkehren in Doppeltraktion; auf der Linie 13 sogar noch als Dreiwagenzüge. Die Nürnberger Großraumwagen mit Anhängern die Gelenkwagen mit oder ohne Anhänger, werden auf festen Linien eingesetzt. Die Gelenkwagen vom Typ 102Na sieht man nur noch vereinzelt, von den Triebwagen ohne Führerstand ist nur noch Museumswagen 151 vorhanden. Die neuen Niederflurwagen fahren auf der Linie 24, deren Gleise erneuert wurden. Diese Linie verbindet die Innenstadt mit dem großen Neubauviertel Kurdwanów im Süden. Die Wagen haben vorzügliche Fahreigenschaften, auch dank der guten Gleislage auf dieser Neubaustrecke.

Katowice (Kattowitz)

Das Straßenbahnnetz von Katowice ist sehr ausgedehnt. Es besteht eigentlich aus der Aneinanderreihung (von West nach Ost) der Straßenbahnnetze der Städte Gliwice, Zabrze, Ruda Slaska, Bytom, Chorzów, Katowice, Bedzin und Sosnowiec. Man muß dieses Netz unwillkürlich mit den Straßenbahnnetzen im belgischen Hennegau oder im Ruhrgebiet vergleichen. Einige Strecken sind reine Stadtlinien, wo es möglich ist, auf eigener Trasse und mit starkem Verkehr, während es auch lange eingleisige Abschnitte im Seitenstreifen der Straße gibt und wo nicht öfter als alle 30 Minuten eine Straßenbahn vorbei fährt. Je nach dem Umfang des Betriebs auf den Linien werden Vierachser 105Na einzeln oder in Doppeltraktion eingesetzt. Auf einigen Linien um Katowice fahren auch Gelenkwa-

Katowice. Die einzige Straßenbahnlinie, auf der noch zweiachsige Wagen eingesetzt werden, ist die Linie 38 in Bytom. 14. Juni 2001 (BS).

gen vom Typ 102Na. Seit kurzem fahren die neuen Niederflurwagen auf den Hauptlinien 6 und 41 zwischen Katowice und Bytom, die zum Teil als Schnellstraßenbahnlinien ausgebaut werden. Auf einer kurzen Stadtstrecke in Bytom, der Linie 38, werden die letzte Zweiachser Polens eingesetzt. Täglich kommt einer der beiden vorhandenen Wagen 915 und 1118 (Typ N mit großen Schiebetüren) zum Einsatz. Die Linie ist nur durch ein Betriebsgleis mit dem Netz verbunden.

Wroclaw (Breslau)

Die Ost-West-Achse, die das Stadtzentrum berührt, ist der Kern des Straßenbahnnetzes. In Nord-Süd-Richtung wird das Zentrum von einigen schmalen Straßen durchquert. Im Stadtzentrum fallen die vielen ungenutzten Straßenbahngleise auf, die bei der Konzentration von Straßenbahnlinien auf die Ost-West-Achse und die einzelnen noch verbliebenen Nord-Süd-Linien aufgegeben wurden. Es fahren hier Gelenkwagen vom Typ 102Na und Vierachser Typ 105Na. Einige dieser Vierachser wurden modernisiert und erhielten u.a. Schwenkschiebetüren, wie die letzte Serie Vierachser von Warschau. In naher Zukunft sollen neue Niederflurwagen in Zusammenarbeit mit den Straßenbahnbetrieben von Szczecin und Poznan beschafft werden.

Poznan (Posen)

Der Kern des Straßenbahnnetzes ist eine in Nord-Süd-Richtung laufende Straßenbahnlinie parallel zur Eisenbahn, die von drei in

Ost-West-Richtung verlaufenden Straßenbahnlinien gequert wird. Dieses Netz hat zusätzlich eine halbe Ringlinie, welche im Westen beginnt und durch den Süden der Stadt zu den Wohnvierteln an der Ostseite des Flusses Warthe läuft. Vor kurzem ist eine Schnellstraßenbahnlinie zu einem neuen Wohnviertel im Norden der Stadt gebaut worden.
Der Wagenpark ist sehr abwechslungsreich. Der älteste Typ Gelenkwagen 102N wird, wie auch der neuere Typ 102Na noch eingesetzt. Weiter gibt es hier die üblichen Vierachser vom Typ 105Na, von denen zwei durch die örtliche Waggonfabrik Cegielski zu einen Doppelgelenkwagen mit Niederflurmittelteil umgebaut wurden und zehn Tatra-Niederflurwagen. Gebrauchte Wagen wurden aus Amsterdam, Düsseldorf und Frankfurt/Main übernommen. Die Wagen aus den beiden letztgenannten Städten können nur durch die Anordnung der Stirnlampen (einzeln oder paarweise) voneinander unterschieden werden. Insgesamt sind siebzehn Sechsachser übernommen worden, von denen inzwischen zwei abgestellt sind, und 29 Achtachser.
Auffällig sind bei diesem Betrieb die Linienziffern auf den Wagen. Man verwendet immer noch die runden Metallscheiben mit den ausgestanzten Liniennummern auf dem Dach. Bis auf die Niederflurwagen und die gebrauchten Fahrzeuge aus dem Westen fahren noch fast alle Wagen mit diesen Schildern.

Gorzów Wielkopolski (Landsberg an der Warthe)
Der kleine Straßenbahnbetrieb besteht aus einer Ost-West-Linie, welche im Westen in der Vorstadt Wieprzyce beginnt. Im Zentrum zweigt eine Linie nach Norden ab zum Wohnviertel Piaski. Der kurze eingleisige Abzweig im Zentrum zum Bahnhof wird nicht mehr benutzt. Es verkehren hier Vierachser des Typs 105Na und gebrauchte aus Kassel übernommene sechsachsige Ein- und Zweirichtungsgelenkwagen. Die letzten Doppelgelenk-Vierachser auf festen Untergestellen wurden Anfang 2000 abgestellt.

Szczecin (Stettin)
Noch bis zur Mitte der neunziger Jahre fuhren in dieser an der Westseite der Oder gelegenen Stadt Zweiachser. Diese wurden erst ersetzt von gebraucht gekauften Wagen aus Düsseldorf und Frankfurt/Main. Insgesamt sind 32 Sechsachser übernommen worden sowie elf Anhänger, von denen inzwischen neun bzw. sechs Wagen schon wieder ausgemustert wurden. Zusammen mit den Straßenbahnbetrieben von Wroclaw und Poznan wird eine Bestellung von Niederflurwagen vorbereitet. Daneben fahren noch Gelenkwagen vom Typ 102Na, zwar nicht mehr gekuppelt, und die vertrauten Vierachser Typ 105Na.

Gdańsk (Danzig)
Das Straßenbahnnetz befindet sich mit Ausnahme von einer

Szczecin. Die neueste Entwicklung ist ein Vierachser des bekannten Konstal 105N-Modells mit neuer Gestaltung von Front- und Heckseite, welche von den Niederflurgelenkwagen für Katowice abgeleitet wurde. Depot Pogodno, 14. Mai 2001 (Joachim Kaddatz).

Straßenbahnlinie am westlichen Ufer der Weichsel. Vom Zentrum, in dem sich der Bahnhof befindet, aus fächert sich das Netz den Wohnvierteln im Norden und im Nordosten auf. Kern des Netzes sind zwei lange Verbindungen zur örtlichen Vorstadt Oliwa. Neben den 6 Niederflurwagen (Typ 114Na, Tw 1501 und 1502 und Citadis 100, Tw 1001-1004) werden ausschließlich Vierachser vom Typ 105Na eingesetzt.

Bydgoszcz (Bromberg)

Der Umfang des meterspurigen Straßenbahnbetriebs ist relativ klein. Es gibt hier acht Straßenbahnlinien, auf denen Vierachser vom Typ 805Na fahren. Der Abzweig zum Bahnhof wurde aufgehoben.

Torun (Thorn)

Das aus vier Straßenbahnlinien bestehende meterspurige Netz hat zwei von Osten nach Westen verlaufende parallele Straßenbahnlinien mit einigen Querverbindungen, die alle nördlich der Weichsel liegen. Der Bahnhof südlich des Flusses hat keine Verbindung mehr mit dem Straßenbahnnetz. Es fahren nur Vierachser vom Typ 805Na.

Elblag. Fast der komplette Bestand an Düwag-Wagen aus Mainz wird in dieser polnischen Stadt eingesetzt. Marymoncka, 5. Mai 1999 (BS).

Elblag (Elbing)

Das meterspurige Straßenbahnnetz besteht aus vier Linien, die sich vom Rand des Stadtzentrums fächerförmig ausbreiten. Diese sind zum Teil noch eingleisig. Das alte Stadtzentrum ist 1945 vollständig zerstört worden. Erst seit einigen Jahren wird die übrig gebliebene freie Fläche wieder bebaut. Neben den Vierachsern vom Typ 805Na fahren hier neunzehn Düwag- und Westwaggon-Wagen, die aus Mainz übernommen werden konnten als dieser Betrieb Niederflurwagen beschaffte. In Elblag ersetzte dieses Rollmaterial die letzten zweiachsigen Straßenbahnzüge.

Grudziadz (Graudenz)

In dieser Stadt findet man den kleinsten Straßenbahnbetrieb Polens. Er besteht aus einer in Nord-Süd-Richtung durch das malerische Stadtzentrum laufenden meterspurigen Linie mit einem Abzweig zum Bahnhof. Im Süden ist die Linie vor einigen Jahren zu einem neuen Wohnviertel verlängert worden. Dieser Zweig ist größtenteils zweigleisig, der Rest eingleisig mit Ausweichen, welche zum größten Teil die Zugfolge auf der Linie bestimmen. Auf dem Abschnitt, der von beiden Linien genutzt wird, müssen die Wagen daher hinter einander von Ausweiche zu Ausweiche fahren. Der Betrieb verfügt über Vierachser vom Typ 805Na und fünf Düwag-Gelenkwagen, welche aus Mannheim (zwei Wagen) und Würzburg (drei Wagen, ursprünglich aus Hagen) stammen.